北京对外交流与外事管理研究基地丛书

新时期北京国际形象的
网络传播机制研究

欧 亚/著

世界知识出版社

图书在版编目（CIP）数据

新时期北京国际形象的网络传播机制研究/欧亚著.—北京：世界知识出版社，2024.12
ISBN 978-7-5012-6613-5

I.①新⋯ II.①欧⋯ III.①国家—形象—研究—北京
IV.①D6

中国版本图书馆CIP数据核字（2022）第239764号

书　　名	新时期北京国际形象的网络传播机制研究 Xinshiqi Beijing Guoji Xingxiang De Wangluo Chuanbo Jizhi Yanjiu
作　　者	欧　亚
责任编辑	车胜春
责任出版	李　斌
责任校对	陈可望
出版发行	世界知识出版社
地址邮编	北京市东城区干面胡同51号（100010）
网　　址	www.ishizhi.cn
电　　话	010-65233645（市场部）
经　　销	新华书店
印　　刷	北京虎彩文化传播有限公司
开本印张	880毫米×1230毫米　1/16　12印张
字　　数	196千字
版次印次	2024年12月第一版　2024年12月第一次印刷
标准书号	ISBN 978-7-5012-6613-5
定　　价	79.00元

北京市哲学社会科学规划办公室、
北京市教育委员会出版资助

北京市社会科学基金项目（项目号：19XCB009）
和中央高校基本科研业务费专项资金项目
（项目号：3162023ZYKB03）研究成果

序

　　美国著名社会学家、城市规划理论家刘易斯·芒福德在《城市的发展史》中写道,过去许多世代里,北京与巴比伦、罗马、雅典、巴黎和伦敦等名都大邑一样曾成功地代表各自民族的历史文化,主导了各自国家民族的历史进程,城市一旦消除了它有史以来的固有缺陷,发挥的作用会远远超出历史上曾发挥的效能,那就是"化力为形,化全能为文化,化朽物为活生生艺术形象,化有机的生命繁衍为社会创新"。在世界大变局与中国大发展的历史交汇点上,国际秩序转型与国际体系的调整,中国国家实力和国际地位的提升,为北京进行国际交往中心功能建设,进一步投射与建构全球影响力提供了历史性机遇。新时期,北京如何塑造、传播与自身实力及大国首都地位相匹配的国际形象,并投射与建构这一影响力无疑是重要的研究命题。

　　对我个人而言,写作本书的缘起是自2015年我发表第一篇与北京国际形象有关的论文:《从〈纽约时报〉看北京城市形象的国际传播》。这篇论文从传统国际传播格局的角度进行了初步探索。本书的出版既是对八年前这一研究的回应,也是八年来对新时代背景和新信息技术下北京国际形象传播进行思考和研究的阶段性总结。希望我的研究能够深化对这一问题的理论认识,并具有一定的决策参考价值,为首都北京提升国际化水平和国际传播能力贡献绵薄之力。

　　本书得以出版首先要感谢北京市教育委员会和北京市哲学社会科学规划办公室的出版资助,北京社会科学基金项目(项目号:19XCB009)以及中央高校基本科研业务费专项资金项目（项目号：3162023ZYKB03）的支持。感谢世界知识出版社和张怿丹、车胜春编辑，尤其是车编辑，他的辛勤努力使得本书顺利付梓出版。

感谢北京对外交流与外事管理研究基地理事长、外交学院院长王帆教授，基地首席专家、外交学院副院长孙吉胜教授，基地研究员、外交学院科研处处长夏莉萍教授对我学术研究的关心和指导。感谢基地学术委员会喻国明教授、姜飞教授、张志洲教授、张胜军教授、刘波研究员等学术委员审议通过将本书纳入"基地丛书"。我对此深感荣幸。感谢基地研究员、外交学院外交学与外事管理系熊炜教授邀请我参与北京国际交往中心建设的相关课题研究，拓展了我的研究视野，令我受益匪浅。

感谢外交学院外交学专业硕士研究生邵魁卿、刘星瑞、兰琳、张博冉、郭涵荞、杨紫涵、任依然、赵小凡，外交学院外交学专业本科生谭景天、王鹤颖、郑阳、张泽琼、刘奕辰、徐熙原，法语专业本科生张宸祎。这些同学都曾或多或少参与了本书所研究的课题及我所主持的其他相关研究课题，做了诸如搜集中英文研究文献、分析案例和数据等工作，或者在我的指导下选择相关研究问题写作学士学位论文或硕士学位论文，进行了一定的研究。尤其是邵魁卿同学尝试采用新的软件工具分析社交媒体数据，为研究提供了必要的数据支持，也同我一起发表了研究论文。本书凝结了这些同学的贡献。现在，刘星瑞在复旦大学攻读博士研究生，郑阳、刘奕辰、张泽琼分别在南京大学、北京大学和宾夕法尼亚大学攻读硕士研究生，王鹤颖即将去中国人民大学攻读硕士研究生，张博冉、张宸祎、杨紫涵、徐熙原已经或即将成为公务员，邵魁卿和赵小凡从事品牌推广传播工作，郭涵荞投身社会公益组织，兰琳和谭景天也计划转换赛道或进一步深造。各位同学都有光明的未来。希望本书的出版也能为大家在外交学院的读书生涯增加一点点值得铭记的回忆。毕竟，每个人都会走向无可避免的终局，唯有过程中的"我来、我见、我征服"，才能令我们的人生有所不同。

感谢我的博士导师喻国明教授。导师言传身教，告诉我们好的研究"不仅要有缜密的逻辑、丰厚的引证和漂亮干净的文字"，更重要的是以"一种俯仰天地的境界、一种悲天悯人的情怀、一种大彻大悟的智慧"直面"社会发展进程中最重要的问题单"。虽然自己远不能企及导师树立的高峰，但从博士到今天，不敢忘记导师的谆谆教诲，尽力"不求近功，不安小就，远见于未萌"。师恩似海。希望有一天，我能作出更有分量的研究成果，不辜负导师的培养和教导。

最后，感谢每一位与我相遇的挚友。感谢我的家人，尤其是从我幼时起便对我格外偏爱的外婆。若我在某种程度上已拥有快乐、幸福与自由的人生之路，那正是源自你们倾注于我的深厚爱意、默默奉献与全力支持，源于你们赋予我的独特而深刻的人生意义。

欧　亚

二〇二四年秋修订于翡翠山晓

目　录

图 目 录

表 目 录

第 一 章
绪　论

　　在全球城市体系中，北京具有成为真正伟大、最具影响力的城市重要元素。北京有800多年建都历史，在漫长的历史长河中沉淀了深厚的文化底蕴、独特的精神风貌以及历史与现代相交融的城市景观。改革开放以来，伴随着高速经济增长驱动的城市化进程，受益于全球经济与技术交流、科学与文化创新，古都北京已经发展为充满活力的现代化国际大都市。

　　北京不仅是一座城市。作为中国崛起的象征，北京也是国家展现综合实力与竞争力的重要窗口和平台。"北京形象"是中国国家软实力以及北京城市软实力的重要内涵与集中体现。传播北京形象、管理城市声誉是中国及地方软实力建设的重要方向与路径。作为城市政治、经济、文化、科技各方面综合实力的反映，北京国际形象传播有助于提升北京软实力，形成北京的核心竞争力，在日益激烈的全球化竞争中吸引人才、投资、游客，增强城市的聚集效应、规模效应和辐射效应，为北京的发展赢得持久动力。随着中国日益走近世界舞台中央，在世界大变局与中国大发展的历史交汇点上，北京无疑需要重新审视自身在全球城市体系中的位置，重塑与自身实力及大国首都地位相匹配的国际形象，向世界展现全面、立体、真实的北京，提升国际地位与声望，发挥全球影响力。

　　北京所具备的"首都"与"城市"的双重身份，令北京国际形象传播更为重要，在新的历史时期也更具复杂性与挑战性。2014年2月，习近平总书记视察北京工作时指出，要坚持和强化首都作为全国政治中心、文化中心、国际交往中心、科技创新中心的核心功能，深入实施人文北京、科技北京、绿色北京战略，努力把北京建设成为国际一流的和谐宜居之都。[①]北京国际交往中心建设与国际形象传播相辅相成。国际交往中心的核心功能定位赋予了北京城市身份的新内涵，也为北京国际形象传播提出了新的目标与任务；北京"建设什么样的国际交往中心、怎样建设国际交往中心"离不开对北京国际形象的塑造。总体而言，北京需要在继承历史经验和资源的基础上，进一步提升北京在全球政治、经济、文化等方面的中心地位、主导作用及辐射带动能力，推动新时期北京城市国际形象的建设与传播，为北京建设国际一流的和谐之都创造良好的国际环境。

第一节　城市国际形象的三个主要研究视角

国内外学者有关城市国际形象的研究有三个主要研究视角。

一、传播学视角的城市形象传播研究

第一个视角是传播学的研究。从传播学角度看，城市形象的形成是一个主观对于客观的信息处理过程，是公众对通过各种渠道所获取的有关城市信息的接触、加工、理解和记忆。在现代化媒介社会，媒体传播是城市形象传播的重要渠道。城市形象传播总是在特定的媒体传播环境下进行的，受媒体传播特性的制约。传播学者区分了城市实体形象、媒体形象和公众认知形象，[②]对城市形象的传播主体、形象定位、传播渠道、传播策略、传播效果进行了较为深入

[①] 《大潮奔涌奋楫先——沿着习近平总书记指引的方向书写新时代首都发展新画卷》，北京市人民政府网站，https://www.beijing.gov.cn/ywdt/yaowen/202402/t20240226_3570802.html，访问日期：2021年4月8日。

[②] Eli Avraham, "Cities and Their News Media Image," *Cities* 17, no. 5 (2000): 363-370；陈映：《城市形象的媒体建构——概念分析与理论框架》，《新闻界》2009年第5期；邓世文：《城市形象研究述评》，《中山大学研究生学刊（自然科学版）》1999年第20期。

的研究。① 其中，有相当一部分研究是采用个案研究和媒介内容分析方法对特定城市的国际媒体形象进行研究，如吴瑛等学者对全球100多个国家28个语种的38万条新闻内容进行了内容分析，解读了"后世博"时代媒体对上海国际大都市的形象建构。② 近年来，随着信息传播技术的发展，学者们探讨了社交媒体等数字技术的传播模式与特征对城市形象塑造与传播的影响，分析了新媒体环境下用户内容生产、传统媒体审核机制弱化、受众年轻化与注意力分散对城市形象传播带来的挑战，并主要从传播渠道的整合与传播策略等角度提出了建议。③

二、市场营销学视角下的城市品牌化研究

第二个视角是市场营销学领域的城市品牌化（city branding）研究。首先，城市形象塑造要有"品牌"意识。城市品牌化来自区域品牌化（place branding）的概念范畴，后者指代以地理区域命名的公共品牌化活动，区域是城市、目的地、地区、省/州、国家等所有地方的统称。在市场营销学者看来，城市在全球市场竞争中可以像有形产品一样被营销：通过选取最有竞争力的差异因素进行城市品牌的定位，再运用各种营销手段对城市品牌进行传播

---

① 何国平：《城市形象传播：框架与策略》，《现代传播（中国传媒大学学报）》2010年第8期；陶维兵：《城市形象传播》，武汉出版社，2012，第26页。

② 吴瑛等：《全球媒体对上海国际大都市的形象建构研究》，《国际展望》2016年第7期。

③ Robert Govers, "Rethinking Virtual and Online Place Branding," in *Rethinking Place Branding: Comprehensive Brand Development for Cities and Regions*, ed. Mihalis Kavaratzis, Gary Warnaby and Gregory J. Ashworth (Cham: Springer, 2015), pp. 73-83; Eduardo Henrique da Silva Oliveira, "Content, Context and Co-creation: Digital Challenges in Destination Branding with References to Portugal as a Tourist Destination," *Journal of Vacation Marketing* 21, no. 1 (2014): 53-74；龙莎：《新媒体在城市形象传播中的运用》，《新闻爱好者》2011年第22期；莫智勇：《创意新媒体文化背景下城市形象传播策略研究》，《暨南学报（哲学社会科学版）》2013年第7期；高慧艳：《社会化媒体时代城市品牌的传播》，《青年记者》2015年第35期；吴毓颖：《新媒体传播视阈下城市品牌形象的构建》，《新媒体研究》2016年第12期；杜欣：《新格局下的新传播——传统媒体与城市品牌的新结合》，《新闻研究导刊》2016年第12期；钟羽：《新媒体环境下的城市品牌传播创新策略》，《安顺学院学报》2016年第4期；Eli Avraham, "Cities and Their News Media Image," *Cities* 17, no. 5 (2000): 363-370；陈映：《城市形象的媒体建构——概念分析与理论框架》，《新闻界》2009年第5期；邓世文：《城市形象研究述评》，《中山大学研究生学刊（自然科学版）》1999年第20期。

与推广。^① 国外学者的研究主要集中于城市的品牌形象、品牌识别、品牌影响，以及品牌塑造者和品牌事件营销。^② 近年来尤为关注包括城市在内的区域品牌化模型研究，提出了基于认知视角、关系视角、沟通视角、整合视角这四个维度的区域品牌化模型，并针对区域品牌化的效果评估展开研究。^③ 综合来看，城市品牌营销研究已经超越了城市品牌识别与城市形象塑造的阶段，其目的是要通过城市品牌化的管理实现城市竞争力的提升与城市品牌资产的增值。

其次，随着信息技术的发展，数字品牌管理与营销成为品牌研究的热点议题。信息传播的即时、双向和互动改变了用户的品牌接触点（touch point）与接触方式，重构了数字空间中的品牌定位、品牌传播和品牌体验。^④ 研究普遍认为，品牌持有者可以通过社交媒体等新媒体与用户建立个人化联系，提供更丰富的品牌体验，培养用户的品牌忠诚。^⑤ 数字技术同样也在城市品牌化战略中扮演了越来越重要的角色。城市在互联网上曝光度越高，越能获得广泛

---

① Philip Kotler, *Marketing Management: Analysis, Planning, Implementation, and Control* (Englewood Cliffs, NJ: Prentice-Hall, 1991).

② Renaud Vuignier, "Place Branding & Place Marketing 1976–2016: A Multidisciplinary Literature Review," *International Review on Public and Nonprofit Marketing* 14, no. 4 (2017): 447-473.

③ 庄德林、伍翠园、王春燕：《区域品牌化模型与绩效评估研究进展与展望》，《外国经济与管理》2014年第9期；Senay Oguztimur and Ulun Akturan, "Synthesis of City Branding Literature (1988–2014) as a Research Domain," *International Journal of Tourism Research* 18, no. 4 (2015): 357-372.

④ Jennifer Rowley & David Edmundson-Bird, "Brand Presence in Digital Space," *Journal of Electronic Commerce in Organizations* 11, no. 1 (January-March 2013): 63-78; Mar Gómez, "City Branding in European Capitals: An Analysis from the Visitor Perspective," *Journal of Destination Marketing & Management* 7 (2018): 190-201; Hardeep Chahal and Anu Rani, "How Trust Moderates Social Media Engagement and Brand Equity," *Journal of Research in Interactive Marketing* 11 (2017): 312-335.

⑤ Mangala Vadivu Vivakaran and Maraimalai Neelamalar, "Digital Brand Management–A Study on the Factors Affecting Customers' Engagement in Facebook Pages," (paper presented at the 2015 International Conference on Smart Technologies and Management for Computing, Communication, Controls, Energy and Materials, Avadi, Chennai, India, May 6-8, 2015): 71-75; Sonya Azad Hanna, "Rethinking Strategic Place Branding in the Digital Age," *Rethinking Place Branding* 1 (2014): 85-100; Mar Gómez, "City Branding in European Capitals: an Analysis from the Visitor Perspective," *Journal of Destination Marketing & Management* 7 (2018): 190-201.

的文化影响力。[①] 全球范围内，城市投入更多资金改进门户网站设计，加强脸书、推特等媒体平台的账号运营。[②] 城市门户网站等数字媒体已经成为游客接触城市的首要方式，[③] 推特能够引导游客对陌生城市进行数字化的体验。[④] 基于社交媒体的口碑传播和个人体验甚至被认为将取代以广告为驱动的品牌推广活动。[⑤] 有研究者指出，社交媒体会影响城市品牌形象，但不一定会形成新的城市品牌形象；数字技术是否有利于城市品牌形象的传播，并不取决于数字技术本身，而是受参与者传播策略和传播能力的制约。[⑥] 城市管理部门若不理解社交媒体的本质，无法有效使用社交媒体，以及对用户参与可能带来的潜在危机抱有恐惧，则会抑制社交媒体发挥作用。[⑦]

最后，城市品牌战略的研究人员指出，社交媒体赋予了企业、社会组织及游客、居民等各类公众主体信息传播能力，将他们从品牌接受者变为品牌塑造的参与者，城市管理部门在这个过程中会逐渐失去城市品牌塑造的主导地位，如果用户生成的内容（user-generated content）能够融入城市品牌战略中，将

① Ixone Alonso, "A Tentative Model to Measure City Brands on the Internet," *Place Branding and Public Diplomacy* 4 (2012): 311-328.

② Magdalena Flrek, Andrea Insch and Jürgen Gnoth, "City Council Websites as a Means of Place Brand Identity Communication," *Place Branding and Public Diplomacy* 4, no. 2 (2006): 276-296; Maria Cristina Paganoni, *City Branding and New Media: Linguistic Perspectives, Discursive Strategies and Multimodality* (London: Palgrave Pivot, 2015), pp. 1-12.

③ Flrek, Insch and Gnoth, "City Council Websites as a Means of Place Brand Identity Communication," pp. 276-296.

④ Junfeng Jiao, Michael Holmes, and Greg p. Griffin, "Revisiting Image of the City in Cyberspace: Analysis of Spatial Twitter Messages during a Special Event," *Journal of Urban Technology* 25, no. 3 (2018): 65-82.

⑤ Robert Govers, "Rethinking Virtual and Online Place Branding," in *Rethinking Place Branding: Comprehensive Brand Development for Cities and Regions*, ed. Mihalis Kavaratzis, Gary Warnaby and Gregory J. Ashworth (Cham: Springer, 2015), pp. 73-83.

⑥ Asa Thelander and Cecilia Cassinger, "Brand New Images? Implications of Instagram Photography for Place Branding," *Media and Communication* 5, no. 4 (2017): 6-14.

⑦ Michał Sędkowski, "The Challenges and Opportunities of Entering the Social Media Sphere: A Case Study of Polish Cities," *International Studies: Interdisciplinary Political and Cultural Journal* 19 (2017): 143-157; Niyazi Gümüş, "Usage of Social Media in City Marketing: A Research on 30 Metropolitan Municipalities in Turkey," *EMAJ: Emerging Markets Journal* 6 (2016): 30-37.

有助于城市数字品牌的塑造，反之将构成挑战。[①] 制定连续和有规划的策略有助于形成地区数字品牌，其中代表性的研究是索尼娅·阿扎德·汉娜（Sonya Azad Hanna）等学者提出的由渠道、噪声、群体、口碑、沟通、联合创作、合作品牌化构成的地区品牌战略。[②] 中国学者也从城市品牌营销的角度关注了广州、成都、南京等城市对社交媒体的使用，研究认为社交媒体有助于塑造开放、透明的城市形象。[③] 总之，这一视角的研究关注数字环境下用户品牌参与的变化，以及用户情感、体验、信任等要素对建构城市品牌关系和品牌资产的影响，强调城市数字品牌战略管理的整体视角，但目前对数字品牌塑造过程中有效影响用户的方式存在争议，也缺少有关驱动用户品牌参与的因素及参与后果的深入研究。

三、公共外交视角的研究

第三个视角是近年来新兴的公共外交视角。公共外交是对传统外交的继承和发展，通常指："由一国政府主导，借助各种传播和交流手段，向国外公众介绍本国国情和政策理念，向国内公众介绍本国外交方针政策及相关举措，旨在获取国内外公众的理解、认同和支持，争取民心民意，树立国家和政府的良好形象，营造有利的舆论环境，维护和促进国家根本利益。"[④] 公共外交与一国的外交政策相联系，具备以政府为主体的特性，目的是促进国内外公众对本国

[①] Eran Ketter and Eli Avraham, "The Social Revolution of Place Marketing: The Growing Power of Users in Social Media Campaigns," *Place Branding and Public Diplomacy* 8 (2012): 285-294; Eduardo Oliveira and Emese Panyik, "Content, Context and Co-creation: Digital Challenges in Destination Branding with References to Portugal as a Tourist Destination," *Journal of Vacation Marketing* 21 (2015): 53-74.

[②] Sonya Azad Hanna and Jennifer Rowley, "Rethinking Strategic Place Branding in the Digital Age," in *Rethinking Place Branding: Comprehensive Brand Development for Cities and Regions*, ed. Mihalis Kavaratzis, Gary Warnaby and Gregory J. Ashworth (Cham: Springer, 2015), pp. 85-100.

[③] Lijun Zhou and Tao Wang, "Social Media: A New Vehicle for City Marketing in China," *Cities* 37 (2014): 27–32.

[④] 杨洁篪:《努力开拓中国特色公共外交新局面》,《求是》2011年第4期。

的理解和支持，在全球化竞争中赢取目标公众的声誉、善意和信任。① 公共外交也包含"形象"要素，尽管与地方品牌在传播推广方式上存在差异，但当地方品牌向公共外交提供商业运作思路，公共外交向地方品牌注入政府力量时，二者便开始互相接近，产生交集。②

在公共外交视角下，品牌的逻辑可以为公共管理的所有部门所采用。随着政治范式"从现代世界中的地缘政治和权力转向后现代世界中的形象和影响力"，③ 国家和地方都要建立相关品牌资产以在新的世界体系中进行经济和政治竞争时占据优势地位。④ 地方品牌应超越以经济目的为导向的地方形象和认知管理，作为地方战略和治理策略的有机组成部分而发挥作用，具有政治维度。⑤ 城市作为次国家行为体参与全球治理，开展城市外交有助于城市国际形象的塑造与传播；⑥ 地方品牌传播从业者也可以与公共外交团队合作，围绕地方品牌制订公共外交计划，公共外交活动可以衡量地方在目标受众心目中所持有的正面或负面形象（品牌突出性），行政部门提供信息的可信度和质量（感知质量），以及目标受众在接触公共外交努力（品牌参与）时对地方及其推广

---

① Eytan Gilboa, "Searching for a Theory of Public Diplomacy," *The Annals of the American Academy of Political and Social Science* 616, no. 1 (Mar. 2008): 55-77.

② Gyorgy Szondi, *Public Diplomacy and Nation Branding: Conceptual Similarities and Differences* (The Hague: Clingendael Institute, 2008), pp. 20-44.

③ Peter van Ham, "The Rise of the Brand State: The Postmodern Politics of Image and Reputation," *Foreign Affairs* 80, no. 5 (September-October. 2001): 2-6.

④ Eytan Gilboa, "Searching for a theory of Public Diplomacy," *The annals of the American Academy of Political and Social Science* 616, Issue 1, (Mar. 2008): 55-77.

⑤ Erik Braun, "City Marketing: Towards an Integrated Approach" (PhD diss., Erasmus Research Institute of Management, 2008).

⑥ Efe Sevin, "The Missing Link: Cities and Soft Power of Nations," *International Journal of Diplomacy and Economy* 7, no. 1 (2021): 19-32; Erik Braun, Jasper Eshuis and Erik Hans Klijn, "The Effectiveness of Place Brand Communication," *Cities* 41 (2014): 64-70; Karolina Janiszewska and Andrea Insch, "The Strategic Importance of Brand Positioning in the Place Brand Concept: Elements, Structure and Application Capabilities," *Journal of International Studies* 5, no. 1 (2012): 9-19.

活动的实际兴趣程度，使传统品牌理论适应于特定的跨国情境，[①] 助力塑造国家和地方有竞争力的形象。[②] 一项研究以印度西孟加拉邦与孟加拉国解决存在争议的提斯塔河水资源为例，从公共外交角度考察了两国处理好水源问题与地区品牌的关系。这项研究显示：以营销和品牌为导向来实施公共外交有助于塑造有竞争力的形象以及增加地区品牌资产，地区品牌资产增加后，地区能够吸引更多游客、投资、生源，提升地区生活质量，公共外交也就成为地区品牌塑造动力。因此，公共外交也可以成为研究地区品牌的视角。[③]

国内学者也认为，随着中国日益走近世界舞台中央，城市政府部门应统领全局，整合城市品牌塑造的相关工作，充分利用公共外交战略，确定自身城市定位，以达到对外一致性、持续性地输出城市形象的目的，将城市品牌变成城市发展的核心竞争力。[④] 此外，公共外交的软实力概念也被引入这一领域。相关文献探讨了城市软实力的概念、构成要素及其来源，探讨并评估了城市如何通过机构、价值观念、制度等软实力资产提升城市软实力，并产生可衡量的经

[①] Sunny Bose, Sanjit Kumar Roy, Sharifah Faridah Syed Alwi, and Bang Nguyen, "Measuring Customer Based Place Brand Equity (CBPBE) from a Public Diplomacy Perspective: Evidence from West Bengal," *Journal of Business Research* 116 (Aug. 2020): 734-744.

[②] Simon Anholt, "Definitions of Place Branding-Working towards a Resolution," *Place Branding and Public Diplomacy* 6, no. 1 (2010): 1-10.

[③] Sunny Bose, Sanjit Kumar Roy, Sharifah Faridah Syed Alwi, and Bang Nguyen, "Measuring Customer Based Place Brand Equity (CBPBE) from a Public Diplomacy Perspective: Evidence from West Bengal," *Journal of Business Research* 116 (August 2020): 734-744.

[④] 中共成都市委外宣办课题组：《新公共外交需要"整合思维"——以成都城市品牌化建设为例》，《对外传播》2017年第11期，第73页；苏萍：《上海国际化大都市公共外交的路径选择》，《社会科学》2016年第4期，第13页；姚一民：《新加坡公共外交的经验及对广州的启示》，《城市观察》2016年第4期，第122页；张丽、苏娟：《公共外交视角下城市功能优化与提升研究》，《理论界》2016年第12期；张丽：《国际交往中的城市：营销与功能提升》，《财经问题研究》2019年第2期。

济、社会和文化效益。^①公共外交视角下的研究丰富了城市国际形象塑造与传播的内涵与路径。

第二节　传播学和市场营销学视角下的北京国际形象研究

具体到北京国际形象传播的议题，既有研究主要从传播学和市场营销学的角度展开。

一、传播学视角下的北京国际形象

基于传播学视角的研究多选择西方主流媒体为分析对象，代表性的研究如对全球50家主流媒体2009—2016年有关北京的新闻报道显示，外媒对北京的关注度在持续上升，聚焦于北京发生的国际事件、重大赛事和文化活动以及突发事件，客观上反映了北京的发展和日益开放的姿态，以及传统与现代交融的文化形象，研究建议北京市政府强化议程设置能力、提高官员的国际传播素养及提升国际舆情研判能力，在北京国际形象的塑造方面要着重于北京与世界的互动互联，引导外媒关注北京在政治、经济、文化等方面做出的全球贡献与引领作用。^②对美国《纽约时报》《华盛顿邮报》和《基督教科学箴言报》2000—2012年有关北京的新闻报道量、报道内容和报道倾向的分析也显示，三家媒体对北京的负面报道多于正面报道，中性报道集中于科技和文化议题，负面报道集中于社会议题，研究提出了促进北京与其他城市的交流合作、举办大型赛事、加强中国媒体的国际话语权、加强与国外记者的交流等七条提升北京国际

---

① 龚娜、罗芳洲：《"城市软实力"综合评价指标体系的构建及其评价方法》，《沈阳教育学院学报》2008年第6期，第28—31页；庄德林、陈信康：《国际大都市软实力评价研究》，《城市发展研究》2009年第10期，第36—41页；陶建杰：《城市软实力评价指标体系的构建与运用——基于中国大陆50个城市的实证研究》，《中州学刊》2010年第3期，第112—116页；Donya Saberi, Cody Morris Paris and Belisa Marochi, "Soft Power and Place Branding in the United Arab Emirates: Examples of the Tourism and Film Industries," *International Journal of Diplomacy and Economy* 4, no. 1 (2018): 44-58.

② 高金萍等：《北京镜像：2009—2016年度外媒北京报道研究》，中国人民大学出版社，2017。

形象的建议。①

　　除了英语媒体，北京在其他语种的媒体新闻报道中也呈现了相类似的形象，如法国《费加罗报》2000—2015年对北京的报道显示，北京的国际形象是中国"政治中心"和"国际交往中心"，但某些重大事件会破坏中法关系，并导致关联性和国家特征框架报道失灵，从而让事件框架主导报道，并呈现负面形象。②德国《明镜》周刊的涉北京报道存在意识形态偏见，该刊选择性地忽视中德两国的经济合作成就，反而对北京市的城市建设、文化发展和环境污染三个议题着墨颇多，且都呈现出负面形象。③2018年俄罗斯媒体有关北京城市形象的239篇报道显示，俄媒体展现了北京多种城市职能汇聚，经济快速发展，综合实力突出，作为文化古都历史悠久，名胜古迹举世瞩目，标志建筑雄伟气派，基础设施一流，市容市貌日新月异，城市绿化不断改善，环境便民宜居等形象，但同时也报道了北京交通拥堵和空气污染的"大城市病"，俄媒体还关注中国政府治理城市问题的举措及成效。④总体而言，外媒话语体系中构建的北京国际形象出现了失衡状况，北京成为代表中国的政治符号，形象较为刻板和单一，带有极强政治色彩。⑤

　　除了分析大众媒体的新闻报道，还有作者研究了西方影视作品中的北京形象及传播策略。西方影片将北京城市象征作为中国形象的缩影，"中国形象"被注入了西方社会的"集体性想象"，在不同历史发展阶段、社会语境发生延伸和转移，呈现出不同的样貌和丰富的蕴义。⑥影视传播告知、传达和赋予城市形象，且存在三个能量层次，为北京城市形象的塑造与传播提供了适宜且具

---

　　① 张颖：《美国主流报刊中的北京社会形象》，时事出版社，2015。

　　② 曹永荣、杜婧琪、王思雨：《法国媒体中的北京形象：基于〈费加罗报〉2000—2015年的框架分析》，《西安外国语大学学报》2018年第2期。

　　③ 徐剑、董晓伟、袁文瑜：《德国媒体中的北京形象：〈明镜〉周刊2000—2015涉京报道的批判性话语分析》，《西安外国语大学学报》2018年第2期。

　　④ 李锡奎：《俄罗斯媒体视域下北京城市形象探究》，《欧亚人文研究》2020年第2期。

　　⑤ 欧亚、熊炜：《从〈纽约时报〉看北京城市形象的国际传播》，《对外传播》2016年第6期；喻国明、胡杨涓：《外媒话语构造中北京形象的传播常模》，《对外传播》2016年第11期。

　　⑥ 杜剑峰、陈坚：《西方影片中北京城市形象的塑造与传播》，《对外传播》2014年第2期。

可行性的方法与路径。①

　　此外，北京城市副中心概念出台以来，城市副中心的建设和发展也成为热点问题。从顶层设计向落地实施的转化过程中，北京城市副中心的城市形象尚不明晰，媒体塑造的北京城市副中心形象具有"政策化"的特点，普通公众对该城市品牌的认可度不高。②打造以宋庄和古运河为通州特色的地域文化符号，被认为对北京城市副中心的形象塑造和传播大有裨益。③

　　以上研究都是从国际媒体的角度出发研究北京的国际媒介形象，仅有较少研究从国际传播的接收端——公众信息接触渠道和模式的角度分析了北京国际形象传播的制约因素。基于国际受众对北京城市形象的认知状况及对传播渠道接触和使用的调查显示，在国际公众的接触率、使用率以及内容信度方面，国际化媒体与中国媒体相比占据很大优势，仍然掌握着话语权，国际受众对中国媒体的"宣传味儿太浓"的刻板印象依然存在，北京本地媒体对外传播能力也有较大的增长空间。④跨文化视角下，北京建设国际品牌形象的首要任务是传递文化意义，需要基于外国受众的视角探索北京具有国际吸引力的城市文化符号，找寻北京文化"走出去"的有效路径。⑤北京形象最终是通过人的大脑汇总、加工和过滤建构而成，海外公众对北京形象的认知是北京形象国际传播的基础，也是衡量其传播效果的重要依据。一项基于英、美、法、德等十三国的专题性大型民意调查，系统研究了这些国家的海外民众对北京城市形象的认知与预期，⑥为北京形象的国际传播提供了扎实的数据资料，填补了这一方面的研究空白。

　　在新媒体传播领域，学者重点研究了北京的数字形象、北京自媒体的使用

① 李星儒：《北京城市形象层级化影视传播策略》，《中国广播电视学刊》2018年第5期。
② 王润珏：《北京副中心城市形象塑造与传播策略研究》，《中国名城》2019年第11期。
③ 郑育娟：《地域文化符号对城市形象提升的思考——以北京城市副中心为例》，《今传媒》2020年第3期。
④ 赵永华、李璐：《北京城市形象国际传播中受众的媒体选择与使用行为研究——基于英语受众的调查分析》，《对外传播》2015年第1期。
⑤ 曲茹、邵云：《北京城市形象及文化符号的受众认知分析——以在京外国留学生为例》，《对外传播》2015年第4期。
⑥ 马诗远：《新时期北京形象海外认知传播研究（2019）》，社会科学文献出版社，2020。

和传播状况。在推特、脸书等社交媒体上，有关北京城市形象的议题主要包括文艺、旅游、体育、政治、科技创新等，主要倾向以客观为主，正面信息多于负面信息，前者集中在文艺、旅游、科技创新等议题，后者集中在政治、环境、社会交通等议题。[①] 北京与华盛顿两座城市推特账号的对比研究发现，北京城市推特账号在外部链接、标签、评论等指标上超过了华盛顿的城市账号，但是在互动性上表现欠佳。[②] 针对北京利用新媒体社交账号推广自身形象的能力与国外相比略显薄弱的现实，北京需要通过精准定位、本土化、主题报道、贴近性、矩阵联动等策略来推动国际形象传播。[③] 还有研究系统分析了新媒体环境下北京城市形象传播的媒介选择、媒介组合以及跨媒体沟通方面的实践和传播效果，对未来北京城市形象传播过程中的信息传播路径选择有所裨益。[④]

二、市场营销学视角下的北京城市品牌化研究

从市场营销学视野下对北京城市品牌化方面的研究包括：以北京城市形象和城市品牌为研究主体，分析了北京城市营销方式的现状——北京缺乏一个统一、重点突出的城市形象，针对北京城市形象认知情况设计了调查问卷，调研北京市民对北京城市形象和品牌的认知状况，并根据调研结果，提出了北京城市品牌营销策略的建议。[⑤] 使用问卷调查法面向不同类型和地区的利益相关者进行了有关北京城市品牌形象的调查，并使用网络民族志法与访谈法分析了北京城市品牌维度的构成要素，提出了北京城市品牌"重要性—评分"矩阵，构建了"认知—情感—意动城市品牌形象"模型。这项研究发现，最受利益相关者重视的北京城市品牌维度为环境、安全和生活成本，最被忽视的是北京的城

---

① 徐翔、朱颖：《北京城市形象国际自媒体传播的现状与对策——基于Twitter、Google+、YouTube的实证分析》，《对外传播》2017年第8期。

② 李炳慧：《新媒体环境下城市形象对外传播对比分析——以北京和华盛顿为例》，《黑龙江社会科学》2019年第5期。

③ 朱豆豆：《社交媒体在北京国际形象传播中的策略初探》，《对外传播》2016年第12期。

④ 谭宇菲：《北京城市形象传播：新媒体环境下的路径选择研究》，社会科学文献出版社，2019。

⑤ 丁于思、王恒、李美慧、牛天娇：《基于城市形象分析的北京品牌营销提升策略研究》，《中国经贸导刊》2016年第35期。

市地位、创新和交往。研究认为应进一步提升北京的品牌形象，以提高利益相
关者购买北京服务的意向，同时北京城市管理者应使用故事营销手段与利益相
关者建立情感共鸣，塑造北京情感城市品牌形象。[①] 对北京城市营销的组织状
况、任务导向和策略的分析显示，北京城市营销的最大瓶颈是缺乏政府和社会
组织、公众的统一协同合作，因此鼓励社会力量参与城市品牌建设与营销对于
打造城市品牌识别系统非常重要。[②] 借助城市营销的相关理论框架与概念，学
者们还出版了针对北京形象识别与定位的系统性专著，代表性的如《北京形
象——北京市城市形象识别系统（CIS）及舆论导向》。[③] 还有研究聚焦于北京
旅游形象的国际传播，综合了品牌塑造和媒体传播这两个研究视角，通过分析
主要客源国（地）游客对北京旅游形象的感知差异，研究针对主要客源国（地）
的北京旅游形象传播方案，并阐释了虚拟现实（VR）和新媒体等技术作为传
播手段在北京旅游形象在海外营销宣传和国际传播中的应用。[④]

奥运会作为提升北京国际形象的重大事件，得到了学者关注。研究发现，
北京奥运会使北京城市形象更透明、更真实。[⑤] 北京奥运会期间，由于中国集
体性、爆发式地发布有关奥运会的积极信息与同期发生的有关中国的负面信息
形成了对冲，再加上西方媒体普遍对北京奥运持肯定态度，北京和中国的国际
形象有所改善。[⑥] 但是，西方媒体仍然针对北京空气质量和人权问题等进行了

① 杨一翁、孙国辉、陶晓波：《北京的认知、情感和意动城市品牌形象测度》，《城市问题》
2019年第5期。

② 刘彦平：《奥运助燃营销北京——北京城市营销案例分析及建议》，《中国市场》2006年第
20期。

③ 李兴国：《北京形象——北京市城市形象识别系统（CIS）及舆论导向》，中国国际广播出
版社，2008。

④ 邹统钎：《北京旅游形象国际传播方案》，旅游教育出版社，2017。

⑤ 刘艳芹、张矛矛：《新媒体对冬奥会少年运动理念建构的影响》，《青少年体育》2016年第
6期。

⑥ Holger Preuss and Christian Alfs, "Signaling through the 2008 Beijing Olympics—Using Mega
Sport Events to Change the Perception and Image of the Host," *European sport management quarterly*
11, no. 1 (2011): 55-71.

负面报道。①

在新闻媒体报道的角度之外，还有研究从历史视角出发研究19世纪60年代北京国际形象的断裂与重塑，1860年开始西方人以胜利者与现代文明传播者的双重视角审视北京，认为其与西方世界此前形成的富丽想象落差巨大，进而重构西方的北京印象。这种印象影响着19世纪后半期和20世纪初期的西方人，也正是从这一时期开始，西方人眼中的北京形象愈加真实、多元。②此外，通过研究来京的旅行家、传教士、商人、外交官、军人、记者、作家等人对于北京的文字记载和图画照片，从中窥见了北京悠久的历史文化传统和充满东方韵味的风土人情，呈现了外国人眼中北京恢宏大气、包容多元的东方古都形象。③

综上所述，城市国际形象已经有了跨学科、多角度的分析，但是针对北京城市国际形象的研究尚不充分，主要体现：一是缺少从构建全球影响力的角度，对北京参与国际交往与全球治理体系视角下的城市形象内涵与定位的分析；二是在北京国际形象的数字传播领域中，多是微观层次的传播策略分析，缺少针对网络信息传播技术对北京国际形象传播的宏观结构与格局的研究，中观层次的机制研究，以及缺少针对人工智能等信息技术对推动城市国际形象传播变革的研究；三是目前的研究基本上都是以北京城市形象塑造者为中心的研究，即以我们预期传播的北京城市国际形象研究为主，缺少以国际公众为中心的城市品牌构成要素、城市品牌传播渠道与路径研究，尤其是在互联网环境下，国际公众自发发布有关北京城市的信息，实际上成为北京城市品牌的联合生产者，需要基于城市品牌建构的关系模型理念，借助数据发掘技术对北京城市品牌形象的构成维度与生成机制进行进一步的阐释。

本书尝试综合传播学、市场营销及公共外交的研究视角，在北京提升国际化、现代化、信息化水平，建设国际交往中心的时代背景下，阐释互联网信息

---

① 吴三军：《化解西方媒体误读，重塑北京的国际形象》，载段霞主编《奥运后首都国际化进程的新趋势与新挑战——2008城市国际化论坛论文集》，中国经济出版社，2008。

② 周增光：《十九世纪六十年代北京国际形象的断裂与重塑》，《北京社会科学》2018年第6期。

③ 吕超：《东方帝都：西方文化视野中的北京形象》，山东画报出版社，2008。

技术逻辑对城市品牌化战略的变革性影响，在此基础上，通过媒介内容分析、社会关系网络分析和社交媒体平台数据挖掘方法，剖析北京城市品牌传播的关键节点与阈值，分析互联网环境下北京城市形象传播的结构、模式与路径，并尝试提出可能的城市品牌网络传播模型。

第 二 章

全球化时代的城市形象、城市身份与城市品牌化战略

　　大约5500年前，西亚的美索不达米亚地区出现了早期的城邦，开启了人类社会漫长的城市化进程。作为产业、人口、建筑空间等方面不同于乡村的独特聚集空间及各种经济和社会文化活动的汇聚点，城市创造了新型的职业，新型的艺术形态、宗教形态和贸易形态，既是人类走向成熟和文明的标志，也是人类文明传承与流传的容器。[①]

　　城市形象因城市的产生、发展而存在。自古以来，文人骚客多有对城市形象描摹、歌颂的名篇。北宋著名词人柳永在《望海潮·东南形胜》中以"东南形胜，三吴都会，钱塘自古繁华，烟柳画桥，风帘翠幕，参差十万人家"的诗句呈现了杭州的繁华景象。俄国诗人普希金在长诗《青铜骑士：彼得堡的故事》的序曲中以"我爱你，彼得兴建的城/我爱你严肃整齐的面容/涅瓦河的水流多么庄严/大理石铺在它的两岸/我爱你铁栏杆的花纹"（穆旦译）的诗句赞美圣彼得堡的雄伟。

---

　　① 武夷山：《考察人类最伟大的发明——城市》，《中国科学报》2021年12月9日第7版；刘易斯·芒福德：《城市发展史：起源、演变和前景》，宋俊岭、倪文彦译，中国建筑工业出版社，2005，第14页。

随着城市的发展及对城市认识的不断深化，城市形象进入了社会学科研究的视野。美国城市规划专家凯文·林奇（Kevin Lynch）于1960年首次提出了"城市形象/意象"（City Image）的概念。20世纪70年代开始，城市政策和旅游管理领域开始关注城市形象推广的问题。20世纪90年代以来，城市规划、旅游管理、区域营销等学科领域引入了品牌化理论，不断深化对城市形象及城市形象传播的理解。在这一过程中，城市身份、城市品牌等概念成为城市形象传播的核心概念。这些概念互有联系，用以界定与阐释城市形象传播的核心问题，描述城市形象传播的不同进程与层级，构成了城市形象传播的概念体系。

第一节　城市形象及城市形象传播的特征

形象是事物总体存在状态的呈现。从主体角度，形象可以理解为一种实存，是附着在事物自身的、客观存在的体现事物特征和状态的表象，它传递着事物本身的信息，一切印象、评价、关系等都建立在这种实存的基础上；从主客体关系角度而言，形象是人们在一定条件下对他人或事物的外在表现的总体印象和综合评价，由其内在特点决定。[1]

城市形象起源于人与城市在特定时空的"相遇"。人们在城市空间内通过对城市社会生活的参与与实践，感知与体验城市自然景观和人文景观，构成了一个平行于城市现实空间，又与现实空间相互交融、影响，存在于人们头脑中的"内在城市"。城市本身具有传播介质属性，是人类进行空间生产的产物，并与文化传承具有天然的联系和规律。从偏向空间的维度下，凯文·林奇从城市规划设计和建设的角度定义了城市形象的五个构成要素：道路、边界、区域、节点和标志物，认为城市形象就是人们对城市物质环境或景观的感知所形成的心理印象，城市形象的建构是城市环境与城市居民互动的过程。[2]从偏向时间的维度上，刘易斯·芒福德认为，"城市通过它的许多储存设施（建筑物、保管库、档案、纪念性建筑、石碑、书籍），能够把它复杂的文化一代一代往

---

① 秦启文、周永康：《形象学导论》，社会科学文献出版社，2004，第2—9页。

② Kevin Lynch, *The Image of the City* (Cambridge, MA: Massachusetts Institute of Technology Press & Harvard University Press 1960), pp. 46-90.

下传，因为它不但集中了传递和扩大这一遗产所需的物质手段，而且也集中了人的智慧和力量。"①

一、城市形象传播的时空二维性

（一）城市形象的生成与传播具有空间性特征

"空间"范畴来自人的生产经验。②空间既非主体也非客体，而是一系列关系与形式的总和。在人类生产活动出现之前，空间只是"一块空的地域"，带有自然时间留下的痕迹。人类从自然中选取材料，通过有目的性的重复劳动，将自然时间从原始状态下的空间中驱逐，并催生出图像、符号、标记等一系列类似物，将"空间"转变为既定先验和认知的一部分。③

城市作为由人或物占据的特定地理空间，是可凭经验观察感知并进行描述的物理实体，具有客观性与物质基础，为人们社会活动和交往提供了背景和场所。在现代大众传播媒介诞生之前，地理空间中的基础设施对信息、人员和物品的交流起到决定性作用。在主要通过面对面交流的古代社会，城镇的集市不仅用以互通物资有无，还汇聚各类生产生活的信息交换；跨地域的信息传播依赖于个体基于水路交通基础设施的人口流动，城镇的边界不仅是物理边界的划分，也往往是信息传播所能达到的疆域。④

城市空间的社会性体现在它既是"人类行为实现的场所和人类行为保持连续的路径，又是对现有社会结构和社会关系进行维持、强化或重构的社会实践的区域"；⑤城市空间是"被感知之物"。这决定了城市空间往往超出功能意义，

---

① 刘易斯·芒福德：《城市发展史：起源、演变和前景》，宋俊岭、倪文彦译，中国建筑工业出版社，2005，第579页。

② D. Harvey, *The Urbanization of Capital* (Baltimore: The John Hopkins University Press, 1985), p. 1.

③ 刘颖、周立涛编译：《寻回自然的时间——〈空间的生产〉读书笔记》，城市科学文摘网站，http://www.cnurbanstudies.org/2016/04/09/production-of-space/，2016年4月9日，访问日期：2021年12月10日。

④ 王斌：《从技术逻辑到实践逻辑：媒介演化的空间历程与媒介研究的空间转向》，《新闻与传播研究》2011年第3期。

⑤ 潘泽泉：《社会、主体性与秩序：农民工研究的空间转向》，社会科学文献出版社，2007，第28页。

是具有象征性和表达性的、被建构和再现的空间。城市空间又不是纯粹的物质空间，每一个城市都有基于特定社会生产方式的空间性实践。例如，天安门是国家权力的象征，长城是代表中华民族的符号。换言之，人们在物质层面展开空间实践的同时，也通过对物理空间实体的主观建构、阐释与定义，使物理意义上的"地点"（location）转变为"地方"（Place），成为充满意义的社会与文化实体。①

城市作为物理空间和社会空间的特性决定了城市形象传播的空间性。

首先，城市自然风貌、街区、建筑、绿化、公共空间等物理结构空间是城市形象传播的物质性基础。城市物理空间虽然本身并不以传播为主要目的，但通过人对客观环境的认知、信息加工和意义赋予，被符号化与媒介化从而得以"表达"城市的形象，作为城市形象的初级传播而发挥作用。② 例如，故宫作为代表北京形象、白金汉宫作为代表伦敦形象、卢浮宫作为代表巴黎形象的建筑符号，同时也是文化符号。

其次，人们在城市特定空间下对城市风土人情和社会文化活动的体验与感知，构成了城市形象传播的文化维度。人们对特色小吃、地方民俗的体验都与城市空间内的特定"地点"相关联；而城市举办的各类体育赛事、文化活动、纪念活动、庆典活动作为公共场所的仪式化传播，也起到塑造城市居民共同体的记忆和认同，传播城市形象的作用。③ 例如，北京南锣鼓巷是一个充满生活气息而又富有张力的空间，凝结着工业化和后工业化、生产实践和消费实践、文化追求和功利追求的混合场景。南锣鼓巷地理位置优越，历史文化资源丰富，宏观结构较为规范整齐，园林、历史遗产、居民住房和商业店铺杂居其间，是北京兼具宜居和宜游二重属性的新地标。经营者、旅游者和居民长期共存、彼此互动，既产生了协同发展的增益效应，也诱发了商旅需求和生活需求的碰撞，产生矛盾与冲突；游客与商家和当地居民所具有的深沉历史文化意

① 朱竑、钱俊希、吕旭萍：《城市空间变迁背景下的地方感知与身份认同研究——以广州小洲村为例》，《地理科学》2012年第32卷第1期。

② Michalis Kavaratzis, "From City Marketing to City Branding: Towards a Theoretical Framework for Developing City Brands," *Place Branding* 1, no. 1 (2004): 66-69.

③ 黄骏：《虚实之间：城市传播的逻辑变迁与路径重构》，《学习与实践》2020年第6期。

识，以及游客对恬静生活方式的向往等价值取向融通汇合，共同组成了南锣鼓巷中西交融、古今贯通的城市景观。①

最后，城市管理者可以通过城市景观设计，提高城市管理效率以及优化城市管理结构。例如，建构社区网络、提升市民在决策中的参与度；从城市提供服务的种类与供给的有效性和举办活动的数量与类型；向城市利益相关者提供财政激励等方面，采取措施以促进城市空间性传播。而这都要依赖于城市管理者的执政艺术、创新思维，并且需要用新思想进行尝试和实践。北京对南锣鼓巷的保护和开发就经历了以历史文化街区保护到居民住房改造，再到旅游资源价值开发的变迁，客观上对街区的场景修缮保护和文旅价值开发起到了积极的作用。②

（二）城市形象的生成与传播具有时间性特征

城市不仅是一个空间概念，还是基于流动的城市文化的时间概念，是一个始终在发生、变化的过程。城市记忆记载着城市的生成史，蕴藏着城市的历史和传统，是人类集体记忆及文化记忆的重要组成部分。③

从心理学角度来看，记忆是一种个体内心的心理活动过程；个体记忆是人脑对于外部信息输入进行编码、存储和提取的过程。④个体记忆具有特殊性、短暂性、易变性、松散化、视角化、碎片化等特征，但个体记忆不是孤立存在的，而是与其他更广泛的记忆网络相连，连接之中的个体记忆不断地重新适应社会，获得了一致性和连贯性，帮助个体建立社会纽带。⑤文化记忆是一种集体记忆，通过运用一系列的符号系统与演示形式，实现意义的沟通与分享。这一概念凸显了记忆的文化功能：群体成员通过不断地观照过去，确保过去文

---

① 刘东超：《场景理论视角上的南锣鼓巷》，《东岳论丛》2017年第1期。

② 同上。

③ 赵静蓉：《作为时间概念的城市：记忆与乌托邦的两个维度》，《探索与争鸣》2018年第10期。

④ 邵鹏：《媒介作为人类记忆的研究》，南京大学传播学博士论文，2014，第28页。

⑤ Assmann, Aleida, "Memory, Individual and Collective," in *The Oxford Handbook of Contextual Political Analysis*, ed. Robert Goodin and Charles Tilly (Online edn, Oxford Academic, 2 Sept. 2009), pp. 12-213, accessed 10 Nov. 2021, https://doi.org/10.1093/oxfordhb/9780199270439.001.0001.

化的传承与延续，重构当下现实。[①] 文化记忆指出记忆不仅是过去发生的事情，而是在历史的嬗变中以象征形式所传承的全部内容，注重权力、政治等各种社会因素而非群体的社会结构对记忆形成的影响，将记忆、文化和群体（社会）这三个维度关联起来。[②] 文化记忆的重要性在于，它所关切的是群体共同记忆之群体身份的时间根源。文化记忆在广泛的集体记忆中构建了群体身份，群体得以一种更清醒、更稳定和更具战略性的方式共同记忆，从而确保群体随时间流逝而保持团结和永恒。[③]

每一个集体记忆，都需要得到具有一定时空边界的群体支持，地方是集体回忆的纽带。[④] 城市记忆扎根于真实的地方和社会经历中，浓缩了社会群体对城市发展历程中的重大社会实践活动、建筑景观和文化遗产等的情感，是他们对城市从有形的物质环境到无形的精神文化的共同记忆。因此，城市的发展过程不仅是物质空间的建设，还是一个长期的文化积淀过程，体现为传承城市文化记忆的社会空间。文化记忆可以通过各种外化和客观化形式的记忆来获得，例如，诗歌、小说、民间传说等文学作品，传统节日、民俗风情、婚丧嫁娶和民族歌舞等仪式载体，新闻、戏剧、影视等虚构和非虚构的媒体产品也赋予了记忆一种"书面"形式，[⑤] 帮助实现"过去"于"当下"的递归重建。承载着文化记忆的城市依托于城市内部的记忆场所。[⑥]

文化遗产作为一种"群体性表述"和"谱系性记忆"，是城市在历史发展过程中所保留的各种遗迹遗存，以一种"符号媒介"成为文化记忆的载体。针

---

① 刘慧梅、姚源源：《书写、场域与认同：我国近二十年文化记忆研究综述》，《浙江大学学报（人文社会科学版）》2018年第4期。

② 简·奥斯曼：《集体记忆与文化身份》，陶东风译，载陶东风、周宪主编《文化研究》第11辑，社会科学文献出版社，2011，第5—10页。

③ Roberta Bartoletti, "Memory and Social Media: New Forms of Remembering and Forgetting," in *Learning from Memory: Body, Memory and Technology in a Globalizing World*, ed. Bianca Maria Pirani (Newcastle UK: Cambridge Scholars Publishing, 2011), pp. 82-111.

④ Aldo Rossi, *The Architecture of the City* (Cambridge: MIT Press, 1984), pp. 68-112.

⑤ 刘慧梅、姚源源：《书写、场域与认同：我国近二十年文化记忆研究综述》，《浙江大学学报（人文社会科学版）》2018年第4期，第188页。

⑥ 王润，《塑造城市记忆：城市空间的文化生产与遗产保护》，《新疆社会科学》2020年第3期。

对城市文化遗产展开的保护性建设、仪式、庆典、展览、宣传等活动是文化记忆构建的重要环境。[①] 北京中轴线申遗、南延长线大尺度规划发展项目的开展，保护了北京文化的发展印记，成为"标记"历史长河中北京身份、归属和地方感的"文化书签"，[②] 塑造全球化时代北京特色鲜明、色彩浓郁的文化身份。

二、城市形象的媒介化：超越时空

在现代化媒介社会中，人们对超出直接经验以外的事物大多是通过报纸、广播、媒介渠道获取的信息来认识和理解的。虽然我们不会完全依赖于媒体获得信息，我们还会通过人际交流、观察学习获得关于外部世界的印象；但是，媒体凭借其信息传输的距离、数量、速度和频率，为我们了解其他群体、组织和事件提供了最重要的材料和渠道，极大地拓宽了我们的认识疆域，成为现代社会最重要的认知途径。大众媒介已经成为人们认知环境的建构者，"拟态环境"越来越现实化。[③]

对城市形象传播而言，大众媒体的出现，尤其是电子媒介的发展，带来信息海量而快速地生产、复制和传递，打破了时间和空间限制，消除了物理空间和社会情境之间传统的联结，远隔万里之外物理空间中的人物、事件和场景可以被生动地再现出来。人们超出预先的社会经验，通过阅读报刊、观看电视节目参与不是"物理在场"的社会中，与远方物理空间中的事物建立某种社会关系，建构起新的共同性和差异性。大众媒体宣告了"地点和距离的死亡"，通过话语、符号与图像对现实进行模拟与复制，制造了虚拟的"信息空间"。城市形象作为个人对城市所持有的信念、想法和印象，通常基于大众媒体传播的信息，而非人们对于城市进行身体在场的感受与体验。

大众媒介作为中介系统对城市形象的媒介化既有正面的影响也可能会有负

---

① 程振翼：《文化遗产与记忆理论：对文化遗产研究的方法论思考》，《广西社会科学》2014年第2期。

② 达契亚·维约·罗斯、刘炫麟：《文化遗产与记忆：解开其中的纽带》，《遗产》2020年第1期。

③ 王鹏进：《"媒介形象"研究的理论背景、历史脉络和发展趋势》，《国际新闻界》2010年第6期。

面的后果。

　　一方面，媒介作品中构想的空间会对城市现实空间产生切实影响，成为城市文化身份的组成部分。例如，英国作家阿瑟·柯南·道尔在《福尔摩斯探案集》中为神探夏洛克·福尔摩斯虚构了位于伦敦贝克街221B的住址。这原本是现实中不存在的地址。1990年，为了纪念久负盛名的神探，伦敦在贝克街221B建造了福尔摩斯博物馆。博物馆还原了小说以及根据小说拍摄的电视剧中的生活场景，精心放置了书中人物标志性的礼帽、烟斗和放大镜，博物馆的小阁楼里还有小说中经典凶杀案的现场证据。影城、迪士尼乐园等主题公园也是通过将构想的空间变为现实空间，人们通过对符号和文化产品的消费，增加了情感体验。媒体基于城市实体空间所营造的场景和氛围感，通过构想和描绘都市生活方式和社会交往方式，也会增加人们对特定空间的体验。都市爱情剧中所描绘的诸多经典爱情情节也会为某个地点增加浪漫唯美的氛围。例如，电影《爱情神话》将男女主角间似有还无的感情纠葛、大量意在言外的独白与对话放置于上海个性化的小众咖啡馆场景内，激发了人们对上海都市生活的关注、想象与地方认同。日本镰仓的湘南海岸和江之岛电车线的"镰仓高校前站"等诸多地点是《灌篮高手》漫画的取景地，也成为漫画迷追忆青春的朝圣之地。

　　另一方面，大众媒体的传播使城市形象的传播与塑造脱离了人们的亲身感知与实践，城市形象越来越抽象化与虚拟化，甚至单一与固定化。城市形象被抽象化为城市地标建筑、典型的事件、著名的人物等文化符号，尤其在大众新闻媒体报道中，由于新闻媒体对新闻事件反常性和冲突性等新闻价值的倚重，城市的形象常常被刻板化为某种认知模式，例如，"芝加哥的高犯罪率""阿姆斯特丹的红灯区"，而一旦对大众形成刻板形象，是较长时间内难以改变的。① 换言之，人们对城市空间的亲身感知是经验性的、鲜活的，但通过大众媒体这一中介系统对城市的认识往往是被动的、被主宰的。因为对城市空间的再现，指向的是权力对空间生产的支配性。城市的管理者、建筑师和城市学者基于构想的空间去定义感知的和经验的空间，大众媒体作为社会知识生产的机

---

① Eli Avraham, "Cities and Their News Media Images," *Cities* 17, no. 5 (Oct. 2000): 363-370.

制之一，所反映的往往是在社会中处于主宰地位的空间维度，即空间形象流变"通过知识理解以及意识形态来实现对空间肌理的修改"。

互联网的出现从根本上改变了信息传播的范式。个人、企业、社会组织、政府机构、城市、区域对互联网的全面接入，形成了对社会极具整合力与渗透性的全球信息网络。互联网发展至今已不仅仅是一种传播工具、传播手段、传播渠道和传播平台，而是我们社会的基本操作系统，一种新的社会组织与结构方式。互联网媒体的关系赋权机制也重构了城市国际形象的传播逻辑。

从传播主体上看，谁在传播城市形象？除了负责城市形象传播推广的政府机构，媒体、公关公司等专业的传播组织，企业、网络公众人物（大V）、普通用户都在以创新性的方式加入这一过程中来。除了城市形象的官方推广机构、传统新闻媒体，非政府行为体正在成为城市形象传播网中的关键节点。

从传播内容上看，城市信息传播的主体多元化，带来了城市信息的多种生产方式，有关城市的信息可以由机构生产、专业生产、用户生产，乃至机器生产（机器生产内容），有关城市的信息内容日趋碎片化。讲好城市故事，建立独特而显著、能够吸引公众注意力和兴趣的城市身份更加重要。

从传播模式和路径上看，网络信息技术改变了内容的生产方式，也改变了公众获取信息的方式，相应地改变了公众接触并体验城市的"触点"，拓展了城市形象传播的模式和路径。如果一个故事有足够的吸引力，能够引起公众的兴趣，它就可以通过社交媒体进行口碑传播，并可能在世界各地分享，引发"病毒式"传播。讲故事可以加强行为体之间的关系，有效地动员和团结多个治理层面的公共和私人行为者，创造协同效应，并全面促进地方的发展。通过正确的讲故事技巧，故事在社交媒体上的潜在传播和覆盖面可以影响数百万人。数字叙事可以帮助城市和地区提高知名度，有效地接触目标受众，并为当地利益相关者创造价值。

从传播策略上看，互联网上，品牌就是体验，体验就是品牌。[1]城市官方机构在一个"所有人向所有人传播"的交流与互动环境中，要更加明确与拥抱新技术对城市形象传播的影响，同时分析其中所成倍增加的机遇和挑战。通过

---

[1] S. Dayal et al, "Building Digital Brands," *The McKinsey Quarterly* 2 (2000): 42–51.

制定城市品牌化战略，将城市形象传播的重点转向与公众建立关系，并传达积极的品牌体验。[1] 通过组织机构的自我革新、资源配置、政策制定，有效地建构与管理城市声誉。

第二节　城市身份及不同语境和层次中的城市身份

身份/认同（identity）是在多个学科中以不同的方式被使用的重要术语。

一、身份及城市身份的概念

身份是一个"关系"概念。用作名词的身份可以被理解为"个体性""同一性""统一性""自我""平等"和"关系"；用作动词的身份指向"辨识以示区分"和"认同""承认"两层含义，指个体或群体辨识、确认自己的角色定位与归属的行为和过程。哲学层面上，身份"是使某一事物成为该事物的因素"。[2] 社会心理学将身份视为一种品质和特征，用以在互动的社会情境中定义自我。身份是"自我"的属性，可以被理解为行为体"对自身相当稳定的、特定角色的理解和期望"。[3] 身份建构是人们为建立自我概念而参与的心理活动，关涉自我与他者的关系。自我可以在不同的环境中以多种方式出现，也可能会因与他者的关系而改变。个体通过寻求身份认同突出个体间的差异，进行对自我的确认，还包括进行个人在社会生活中的角色定位，以及获得他人对自己的承认。个体的个人身份是以个性（personality）将自己区别于他人，而社会身份认同则利用群体成员资格把自己和群体外的他人分开，并将群体成员的特性等同于自身的特性，寻求群体认同。

---

① Jennifer Rowley & David Edmundson-Bird., "Brand Presence in Digital Space," *Journal of Electronic Commerce in Organizations* 11 (1) (January-March 2013): 73; Senay Oguztimur & Ulun Akturan, "Synthesis of City Branding Literature (1988–2014) as a Research Domain," *International Journal of Tourism Research* 18 (2016): 357-372.

② 刘志勇：《中国国家身份与外交战略的选择》，博士学位论文，外交学院国际关系专业，2005，第33页。

③ Wendt, Alexander, "Anarchy Is What States Make of It: The Social Construction of Power Politics," *International Organization* 46, no. 2 (Spring 1992): 397.

　　身份/认同具有社会属性，是由特定社会结构决定、在社会过程中形成的。[1] 身份既是个体具有核心的、独特的和相对持久的特征，同时又是多维的和多面向的。个体可能拥有多重身份，可以在群体、阶级和文化中被定义，与各种环境相互关联，并会随着社会情境、结构和过程的变化而发生改变，换言之，身份是可以被维系、修正和重塑的。[2]

　　借鉴多个学科对身份概念的理解和使用，与城市相关的研究将城市与身份联系起来，发展了城市身份/认同这一术语，但不同的学科偏向身份/认同多面向含义中的某一维度。

　　在人文地理学、文化研究、城市规划、城市社会学等学科研究中，城市影响和塑造个人身份，城市身份是个体对地方的认同，地方认同被视为自我认同的一部分，体现了城市的"地方性"。城市身份也被视为社会建构的过程。

　　在这些学科视野下，城市身份的本质是地方与人之间的关系，是"自我的某些维度，通过与特定环境相关的有意识和无意识的想法、感觉、价值观、目标、偏好、技能和行为倾向的复杂模式，定义了个体与物理环境有关的个人身份"。[3] 如前文所述，人们寻求识别、联系与发展自身所处的环境，通过对物理空间实体的主观建构、阐释与定义，使物理意义上的地点转变为"地方"，成为充满意义的社会与文化实体。[4] 地方即是"空间内我们定居下来并说明我们身份的具体位置"。[5] 城市特征也因此成为一种社会范畴，空间和社会都可以被定义为或者可以产生"角色和类型"。角色用以描述空间环境中的行为与

---

　　[1]　P. L. Berger and T. Luckmann, *The Social Construction of Reality-A treatise in the Sociology of Knowledge* (New York: Doubleday, 1966)，这本书整体在讲这个观点。

　　[2]　D. A. Gioia, M. Schultz and K. G. Corley, "Organizational Identity, Image, and Adaptive Instability," *Academy of Management Review* 25, no. 1 (2000): 63-81.

　　[3]　H. M. Proshansky, "The City and Self-identity,"*Environment and Behavior* 10 (1978): 147-169.

　　[4]　朱竑、钱俊希、吕旭萍：《城市空间变迁背景下的地方感知与身份认同研究——以广州小洲村为例》，《地理科学》2012年第32卷第1期。

　　[5]　安东尼·奥罗姆、陈向明：《城市的世界：对地点的比较分析和历史分析》，曾茂娟、任远译，上海人民出版社，2005，第6页。

事件，类型则表现空间在情境中的聚合方式。^① 个人或群体通过地方空间内的生活实践赋予物理空间意义，并以此理解自我与社会，产生并共享与地方的社会、文化与情感联结，形成基于地方意义的身份认同。^② 在这类研究中，地方身份是个人身份的子身份，发展出了基于地方依恋（place attachment）、地方依赖（place dependence）、地方感（sense of place）等概念结构量表以对地方认同进行量化研究。

区别于个人对地方的身份认同，区域营销、旅游、治理、政治等话语中所使用的城市身份，侧重于城市的身份，基本含义即城市所具有的自然、文化和人的特征属性。城市身份是一个城市的个性，意味着城市具有不同于其他区域的独特特征，以将一个城市区别于其他城市。

在大多数情况下，学者的研究基于城市身份这两个维度的某一个维度，较少同时注意到地方认同的这两个方面。只有少数研究指出，个人对地方的认同可以反映于他们赋予该地方的身份中，并随后被纳入他们的自我身份。^③ 尽管认同是基于个人的和情感的，但是城市的身份更侧重于集体含义，意味着城市的内外公众或多或少以同样的方式分享和理解对城市的想象与意义。

总体而言，既有研究对"什么是城市身份"的问题并没有清晰统一的回答。地方身份似乎包括了使某一地方在空间系统中可识别的所有内容，涵盖了某个地方的几乎所有方面。有学者将地方身份定义为，将"地方区分开来的自然、文化和地区生活要素"，但更多的学者结合了地方的物质性与精神性，强调地方身份是物理和人工过程、场所中的特定元素和结构，以及赋予场所的意义的组合。^④ 基于身份的关系属性，关系视角下的城市身份很大程度上是由环境要素，以及在环境中发生的活动或事件来定义的，城市的物理特征或外观，与行

① J. D. Fearon, *What is Identity–As We Now Use the Word?* (Stanford: Stanford University, 1999), p. 17, cited in Ali Cheshmehzangi, *Identity of Cities and City of Identities* (Singapore: Springer, 2020), p. 51.

② John Harner, "Place Identity and Copper Mining in Sonora, Mexico," *Annals of the Association of American Geographers* 91, no. 4 (2001): 660-680.

③ Jianchao Peng, Dirk Strijker and Qun Wu, "Place Identity: How Far Have We Come in Exploring Its Meanings?" *Frontiers in Psychology* 11 (March, 2020): 3.

④ Edward Relph, *Place and Placelessness* (London: Pion, 1976), p. 61.

动和空间相关联的、可观察的活动和功能，以及意义或符号是构成城市身份的三个相关关联的组成部分。① 在这类研究中，城市身份被视为区分一个城市与其他城市的社会建构。

二、四个层次维度下的城市身份

基于以上两种交织在一起且意义互补的城市身份，学者阿里切·什赫赞吉提出，城市身份是人及其空间、空间及其要素、要素与要素之间的社会建构关系，在不同的空间层次上被语境化并有所差异，他从全球性—宏观—中观—微观四个层次分析城市身份。

（一）全球视野下的城市身份

在全球范围内承认和/或包容地看待特定城市或环境，这一层次的城市身份形成的关系大多是感性和视觉的，即大多与城市的特定思想、形象或观点相关联。这一层级的城市身份一般具备以下六个方面的特质：（1）与城市的历史相关或者具有独特意义、目的或特征的地标性建筑，地标性建筑的意义在于表征城市身份的象征意义，如悉尼歌剧院这样的单一建筑，或者由建筑群形成的城市景观，如上海浦东；（2）基于特定产业或行业、具备特定目的和意义的功能性，例如代表高科技和创新中心的硅谷，"音乐之都"奥地利；（3）重要的经济地位，如果一个城市是全球金融中心或经济中心，即可在全球被认可，但这样的城市数量很少，并且往往与城市的政治地位密切相关，城市在本国的政治地位影响城市如何在区域竞争和国际关系中发挥作用；（4）可感知的、独特的城市特质，能给人们头脑中留下深刻的印象，如代表伦敦的红色电话亭；（5）独特的自然地理景观，如威尼斯水城；（6）历史特征，这是塑造和加强城市身份的重要部分，能为城市提供独特的意义和精神价值。全球只有雅典、耶路撒冷、罗马、北京等少数城市拥有真正悠久的历史。时间的连续性对塑造和加强地方身份非常重要，是建立地方意义的首要品质。②

---

① Jianchao Peng, Dirk Strijker and Qun Wu, "Place Identity: How Far Have We Come in Exploring Its Meanings?," *Frontiers in Psychology* 11 (Mar. 2020): 5.

② Ali Cheshmehzangi, *Identity of Cities and City of Identities* (Singapore: Springer, 2020), pp. 2-47.

（二）宏观层次的城市身份

这一层次的城市身份在很多方面和全球层次及中观层次的城市身份特质有所融合。与全球视野中的城市身份不同，宏观层次的城市身份以国家或区域为尺度，强调城市地方性和地方形象，多是通过视觉、空间形式及建筑语言实现，响应了城市规模或区域层面的机会和潜力。例如伦敦，除了从全球视野中认识这座城市外，伦敦的多元城市环境也构成这座城市独特之处：伦敦苏活区以其多元的文化和娱乐产业而闻名，伦敦的巴比肯庄园代表特定时代的特定建筑语言，但这些都不能代表整个城市的整体形象。又如洛杉矶的小东京，在世界各地分布广泛的唐人街，也只是展示出代表独特性和地方性的特定社区，是城市整体形象的一部分。地区的地方性往往与特定的产业和商业价值相联系。政策制定者利用这种独特特征打造城市品牌以促进城市"复兴"，例如香港东部小渔村西贡。[①]

（三）中观层次的城市身份

中观层次的城市身份超越物理/视觉属性，由决策者根据对社会层面的理解构建社会空间关系，运用节点（node）发展社会价值，使人产生地方认同感，为人创造社会交往等多重机会。最具形象性和社会性的节点是公共领域、公共空间与城市广场。这一层级的城市身份往往基于以下三个方面的特征：一是强调人在城市环境中的体验与经历，城市环境的社会空间关系为人创造独特的体验，例如，漫步位于巴黎市中心的香榭丽舍大道，或者穿梭于北京的老胡同，可能会对这座城市产生依恋与认同；二是拥有多种用途和活动，城市环境多样化的大城市更容易呈现这一身份，例如，西班牙的巴塞罗那、加拿大的多伦多、澳大利亚的悉尼、中国的上海等；三是城市的社会生活与文化属性，其表现载体不论现代还是古老都有一番风采。例如，阿根廷布宜诺斯艾利斯的方尖碑，加拿大多伦多市中心的新容旧貌，浦东高楼掩映下的上海老街。[②]

（四）微观层次的城市身份

这一层次的城市身份是最不寻常也是最复杂的。这一层次的身份的显著特

---

① Ali Cheshmehzangi, *Identity of Cities and City of Identities*, pp. 47-50.

② Ibid., pp. 51-61.

征是以"人"为本，关注个体的个性、特殊意义、记忆。微观层次的城市身份是个体在一段时间内或通过某些互动和经验获得的与建筑环境的个人关系，会持续发生变动。因为个人视角通常是复杂的，有多个变量可能会影响其对地方/城市的体验和感知。从感性层面看，年龄阶段、感知方式、目的和/或用途都是城市身份的影响因素，例如，儿童和成人对地方不同的想象、定位和互动，生活在市中心的当地人和生活在近郊的当地人，当地人与游客看待城市的角度大不相同。从理性层面看，特定地点/环境的功能以及社会和文化价值也会影响城市身份，这使得城市身份不是完全的人的感性认识和解读。[1]

可见，城市身份是由不同层面、多种因素聚合而成的综合体。每一个层面上的城市身份都代表着一系列的关系，通过这些关系，形象、意义、记忆、体验和地方感得以表征和识别。但认同是基于个人的和情感的，这导致城市身份有时不是合乎逻辑和知性的，而是依赖于审美印象和感受。政府部门、居民、游客、移民、企业等城市的不同利益相关者可以根据各自的关注点以不同的方式定义城市身份。城市部门构建的城市身份可能会与公众的感知并不相同。对城市管理者来说，需要关注城市的地方特性与元素，例如，建筑、历史传统、文化活动、经济和产品如何转化为能被广泛接受与认可的城市身份，通过城市品牌化战略将城市身份和城市形象联结为有机整体。

第三节　城市品牌化：基于城市身份的城市声誉管理

城市品牌是地方品牌的子概念。地方品牌是一个概括性术语，按照地理疆域的大小范围，主要包括国家品牌、地区品牌、城市品牌、（旅游）目的地品牌和地点品牌。

一、城市品牌概念的演化

地方品牌的概念源自市场营销领域的品牌化理论。英文 brand（品牌）源自古代斯堪的纳维亚语 Brandr，意思是通过"灼烧"打上烙印，表示动物饲养

---

[1]　Ali Cheshmehzangi, *Identity of Cities and City of Identities*, pp. 62-66.

者识别驯养的动物而使用的工具，蕴含着"差异和区别"的含义。从19世纪末，品牌就作为现代商业工具应用于消费品领域，但是对商品品牌的研究与理论化兴起于20世纪50年代。[①] 1950年，广告大师大卫·奥格威（David Ogilvy）第一次提出了品牌概念。他认为：品牌是一种错综复杂的象征，它是品牌的属性、名称、包装、价格、历史、声誉、广告风格的无形组合；品牌同时也因消费者对其使用的印象及自身的经验而有所界定。[②] 1955年，伯利·B. 加德纳（Burleigh B. Gardner）和西德尼·J. 利维（Sidney J. Levy）在《哈佛商业评论》上发表了《产品与品牌》，提出创建品牌要超越差异性和功能主义，认为品牌的发展是因为品牌具有一组能满足顾客情感需要的个性价值，通过强调情感而不是产品的功能关联作为主要竞争优势。[③] 市场营销学发展出品牌定位、品牌形象、品牌资产、品牌延伸、品牌架构、品牌识别等品牌化理论的基本概念，品牌化的应用也逐渐超出消费品范畴。凡是需要沟通并且可以沟通的事物都可以被品牌化。[④] 1969年，美国学者菲利普·科勒（Philip Kotler）和西德尼·J. 利维提出，市场营销的研究对象和范围应该扩大，如何对国家进行营销也应该被纳入市场营销的研究范畴。[⑤]

20世纪70年代，城市形象推广主要集中于城市政策和旅游管理研究这两个领域：前者从城市发展和对外宣传角度研究城市形象对城市政策"商品化"的作用，[⑥] 后者主要从建设旅游目的地形象以吸引游客的角度展开研究。[⑦] 1988

---

① 米哈利斯·卡瓦拉兹斯等主编《反思地方品牌建设：城市和区域的全面品牌发展》，袁胜军等译，经济管理出版社，2019，第14页。

② 张燚，张锐：《国内外品牌本性理论研究综述》，《北京工商大学学报：社科版》2004年第5期。

③ Burleigh B. Gardner and Sidney J. Levy, "The Product and the Brand," *Harvard Business Review* 33, no. 2 (March-April 1, 1955): 33-39.

④ 张锐，周敏：《论品牌的内涵与外延》，《管理学报》2010年第1期。

⑤ Philip Kotler and Sidney J. Levy, "Broadening the Concept of Marketing," *Journal of Marketing* 33, no. 1 (1969): 10-15.

⑥ D. Pocock and R. Hudson, *Images of the Urban Environment* (London: Macmillan Press Ltd, 1978).

⑦ John. D. Hunt, "Image as a Factor in Tourism Development" *Journal of Travel Research* 13 (1975): 1-7.

年，凯文·凯勒（Kevin Keller）结合传统品牌化战略研究，正式提出"城市品牌"这一概念。他认为，地方也可以成为品牌化产品，所谓城市品牌化就是让人们了解某一区域并将某种形象和联想与这个城市联系在一起，突出了品牌具备联系城市内部与外部的特性。[①] 从20世纪90年代开始，品牌战略从产品品牌拓展到享有品牌所有权的企业当中，并进而发展为对服务品牌、非营利组织品牌的研究及应用，地方形象营销也开始向"地方品牌"的概念过渡，地方形象在旅游领域被定义为包括功能性和经验性联想的品牌形象（参见图2-1）。[②]

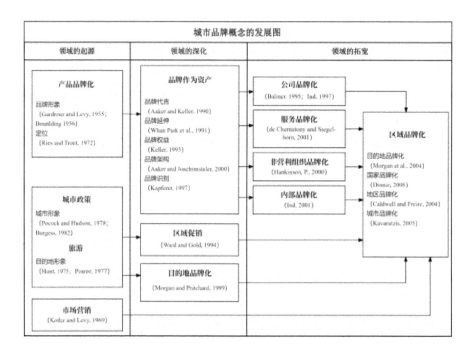

图2-1 城市品牌概念的发展图

资料来源：Hankinson, G. (2010a). Place Branding Research: A Cross-Disciplinary Agenda and the Views of Practitioners. Place Branding and Public Diplomacy, 6 (4): 300–315.

---

① 凯文·莱恩·凯勒：《战略品牌管理》（第三版），卢泰宏、吴水龙中译，中国人民大学出版社，2014，第4页。
② 米哈利斯·卡瓦拉兹斯等主编《反思地方品牌建设：城市和区域的全面品牌发展》，袁胜军等译，经济管理出版社，2019，第14—15页。

　　但是，一个城市在哪些方面可以被视为品牌？产品品牌是"某一产品或服务相对竞争对手的独特定位和个性，包括独特的功能属性和象征价值的组合"；[①] 企业品牌则与产品品牌不同，是战略愿景（组织及其愿景背后的思想）、组织文化（体现组织意义的内部价值观和基本假设）和企业形象（内部和外部受众对组织的看法）之间的相互作用；[②] 尽管城市品牌研究领域的概念和大多数理论都是从产品、服务和公司品牌研究框架中演化而来，但城市品牌远比产品品牌和公司品牌复杂，其复杂性来自城市利益相关者的多样性、经营品牌的组织数量、品牌经营者对其产品的有限控制，以及多样化的目标群体。[③] 企业拥有品牌并可以控制品牌的所有要素，品牌化的目标是增加公司经济价值，而城市形成和投射一个单一的、明确的品牌身份难度更大，品牌的核心要素也并不归城市推广机构或人员所有，能够传播和影响品牌信息和体验的利益相关者如城市、企业，以及名人、居民、游客的目标和需求不尽相同，可能还有冲突，甚至是不兼容的。此外，城市品牌化的价值不仅涉及吸引外部投资、促进城市经济发展等经济利益，还包括增加利益相关者的社会福利；后者是复杂的也是不能简单加总的，这也带来了城市品牌化绩效与品牌资产难以测量的问题。[④] 城市品牌被视为一个多层次、更复杂的多维结构，已经发展为一个伞状概念，从不同的跨学科领域和不同的角度被概念化。学者雷诺·维尼耶（Renaud Vuignier）梳理了从1976—2016年有关地方品牌研究的文献，将相关研究沿着狭义—广义概念和战略层次—具体操作概念的四分维度进行了分类（见图2-2）。

　　首先，图中的象限I代表了与地方品牌的定义与品牌的一般概念关系最密

---

　　① Graham Hankinson and Philippa Cowking, *Branding in Action* (London: McGraw-Hill, 1993), p. 10.

　　② Mary Jo Hatch and Majken Schultz, "Are the Strategic Stars Aligned for Your Corporate Brand?" *Harvard Business Review* 79, no. 2 (2001): 128-134.

　　③ Ben Virgo and Leslie de Chernatony, "Delphic Brand Visioning to Align Stakeholder Buy-in to the City of Birmingham Brand," *Brand Management* 13, no. 6 (2006): 379-392.

　　④ 孙丽辉等：《国外区域品牌化理论研究进展探析》，《外国经济与管理》2009年第31卷第2期；米哈利斯·卡瓦拉兹斯等主编《反思地方品牌建设：城市和区域的全面品牌发展》，袁胜军等译，经济管理出版社，2019年，第24—26页。

切的概念。由于一个地方品牌不是指这个地方的物理特征，而是指受众或消费者对该地的感知，因此，从战略层面主要讨论如何创建地方品牌，涉及品牌识别、品牌定位和品牌形象等。

其次，象限 II 从操作角度涉及组织结构、与地方品牌战略相关的传播活动等，乃至具体到平面设计、标识和口号、促销产品，等等。图表的中心区域代表地方推广的研究主题。这一领域大多是较为抽象的战略层面，但也有研究考察视角较为具体，主要涉及与法律、政治和经济等框架条件有关的具体措施，还包括旅游、文化、体育产品，以及某些标志性项目如重大事件和纪念活动等。

再次，象限 III 是地方品牌化具体层面的建筑和基础设施（如花园、绿地等）。象限 IV 是抽象层面的城市化、区域规划（城市或农村），有些文献对地方品牌的定义更加广泛，涉及文化和历史、地方依赖、生活质量，也包括目标群体对生活质量的感知和对公共部门质量的感知，是地方品牌的一部分。此外，公共外交也被纳入这一象限。

最后，地方品牌（尤其是地方品牌战略）是政治性的，是市场战略也是地方战略的一部分。现有研究尽管很少谈论地方品牌的政治和制度方面的特性，但这一点是应该加以考虑的。总之，地方品牌涵盖的主题非常广泛：既包括微观层面的城市标识和口号，也能拓展为一种战略实践，需要通过具体的措施，寻求实体（有形）和形象（观念）两方面的平衡。

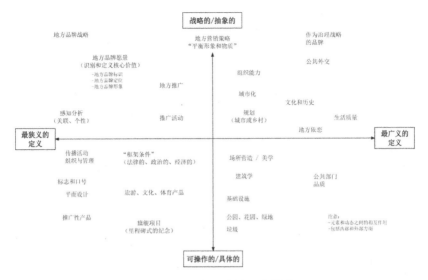

图2-2　城市品牌的四分维度

资料来源：Renaud Vuignier, "Place branding & place marketing 1976–2016: A multidisciplinary literature review," *International Review on Public and Nonprofit Marketin*g 14 (2017): 447-473。

二、城市品牌与城市公共外交的异同

根据城市品牌四象限的划分，城市公共外交作为和城市品牌也是互有交叉的概念，也进入了城市品牌研究的范畴。

城市公共外交是城市外交的子概念。城市外交是指城市配合国家总体外交，在中央政府的授权和指导下参与国际交往的活动。城市外交既有官方色彩，又有民间含义，往往能在总体外交的统一部署下以其官民并重的形式在新领域或敏感问题的解决上有所开拓。[①]

城市外交强调城市的国际战略，注重城市参与国际关系，追求将城市声誉纳入本国和国际性政策。作为创新的主要场所，凭借其开放的视野，对国际人才、思想和参与的渴望，城市很可能为当代国家所面临的全球性问题提供解决方案。例如，世界银行成立的"韧性城市计划"，把数百个城市联合起来，为其筹集建设气候智慧型城市所需的资金，帮助城市制定应对气候变化等危机的

---

① 熊炜、王婕：《城市外交：理论争辩与实践特点》，《公共外交季刊》2013年春季刊。

措施，在应对环境退化和气候风险增大挑战的同时继续推进城市化；城市也需要对在其影响范围内的气候、环境政策议题作出反应，并在其影响范围之外的应对自然灾害、反恐等议题上加强与其他城市的合作与稳固关系。城市可能会被要求为世界银行、联合国和欧盟等超国家机构提供资助，采取政策措施应对相关问题。①

城市外交具有宪政上的非主权性、战略上的补充性、权力上的有限性、行为上的中介性、职能上的社会性等特征。② 因此，城市外交的结构较少，直接影响较小，可供使用的正式工具也较少。③ 城市往往主要以公共外交的形式有限地参与非主权性的国际事务，更多履行公共外交职能，即以倡导、倾听、沟通与文化交流为主要表现形式的城市交往活动。④

从公共外交的角度考察，城市外交在方式及内容上与城市品牌有相当多的交集（见表2-1）。

表2-1　城市公共外交与城市品牌异同

城市外交的构成					
	元素	倾听	倡导	文化外交	对外交流	国际广播
城市品牌的构成元素	远景与战略	**调研** 通过调研明确城市未来愿景和发展战略；情报报告；平衡舆论；调研；利于确定城市战略和远景的焦点小组或学术成果	**政策** 愿景；战略；修辞；战略叙事；政策		**倾听国际社会的声音** 以国际社会的评价和认知作为构建城市品牌战略的基准点	

① Jo Beall and David Adam, "Cities, Prosperity And Influence: The Role of City Diplomacy in Shaping soft Power in the 21st Century," pp. 20-21, accessed November 11, 2022, https://www.britishcouncil.org/sites/default/files/g229_cities_paper.pdf

② 赵可金、陈维：《城市外交：探寻全球都市的外交角色》，《外交评论》2013年第6期。

③ Jo Beall and David Adam, "Cities, Prosperity And Influence: The Role of City Diplomacy in Shaping soft Power in the 21st Century," p. 11.

④ N.A.S. dos Santos, "Crossroads Between City Diplomacy and City Branding towards the Future: Case Study on the Film Cities at UNESCO Creative Cities Network," *Place Brand and Public Diplomacy* 17, no. 1 (Mar. 2021): 105-125.

城市外交的构成					
元素	倾听	倡导	文化外交	对外交流	国际广播
内部文化	**管理** 具备直属的城市品牌营销部门	**呈现** 友好城市；委员会；城市"朋友圈"		**国际社会化** 城市领导人进行接受国际社会反馈与文化传播的短期旅行	
城市社区	**公众参与** 公众参与决策的社群网络	**市民外交** 市民长期向国际社会介绍城市品牌；市民对城市品牌有归属感	**高品质且时尚的文化** 易被接受的文学作品；文化传统；文化遗产；艺术；城市精神	**国际交流** 城市居民，员工和庆典人的对外交往	**全球形象** 为国际公众提供线上的、关于城市的影视作品
协同效应	**倾听利益相关者的声音** 倾听利益相关者对城市品牌的感受反馈，针对特定国家开展民调，公共工作建立信任	**利益相关者的发声** 与可靠的信息传播者合作如，网络名人，跨国公司，非政府组织等	**文化交往** 传播城市文化的伙伴，如城市内部和外部的文化机构	**国际合作** 针对国际性问题的协商与合作，如军事问题、科技问题、金融问题	**外宣伙伴** 私人或跨国的新闻机构
基础设施		**国际会议** 举办国际会议的基础设施	**文化基础设施** 文化中心	**基础设施** 高速公路；住房；酒店（均具备接待外宾的能力）	**外宣设施** 电视、网络传播和无线电设施
城市景观	**对城市基础设施的反馈** 聆听受众对城市基础设施的感受与评价		**文化环境** 公共艺术；城市故事；图书馆；辉煌的建筑物	**全球形象** 地标建筑；城市风格；城市符号；城市品牌服务与体验（接待外宾的配套设施，如酒店和商场）	

城市品牌的构成元素

城市外交的构成					
元素	倾听	倡导	文化外交	对外交流	国际广播
城市品牌的构成元素 机遇	**互动** 与全球公众进行沟通，建立联系的机会	**专业机遇** 激励性的金融政策；生产为代言城市品牌的产品，如：卡通玩具，文学作品，电影电视等	**文化与休闲** 文体活动；节庆活动	**资源** 城市提供的服务、商业机会、高等教育	
对外传播	**双向沟通** 社交媒体；从传播内容分析；指标分析；公共关系；数据监控与采集，日常基础交流	**沟通工具** 营销广告；城市形象符号；城市品牌标语；城市品牌标识；相关文学出版物		**网络交流** 网络空间中的城市文化、知识传播	**对外广播** 国际外宣渠道，如社交媒体、网站、商业广播频道

资料来源：N.A.S. dos Santos, "Crossroads between City Diplomacy and City Branding Towards the Future: Case Study on the Film Cities at UNESCO Creative Cities Network," *Place Branding and Public Diplomacy* 17 (2021): 105-125。

注：表格内的空白部分既不属于城市品牌也不属于城市外交；深灰色部分为城市品牌与城市外交的交集；浅灰色部分为城市外交的专属元素；白色部分为城市品牌的专属元素。

三、城市品牌化战略：基于城市身份的声誉管理

总体而言，城市发展程度与城市是否采用品牌战略呈正相关。在全球范围内，只有规模庞大、财力雄厚，以及第三产业高度发达的城市，才采用城市品牌化的相关政策。对城市来说，从城市推广到城市营销再到城市品牌化的复杂程度越来越高：地方推广仅限于增加对地方所提供的内容的关注；地方营销主要关注通过促销措施和其他旨在改善产品—市场组合的措施，旨在管理供求关系；地方品牌是三者中最包罗万象的，它要求城市具有强大的组织和规划能力。地方品牌若想成为一种有意义的工具，不能是一个单独的政策领域或外部

组织实体，与地方推广和地方营销相比，需要更深层次的整合。[①]

从策略上，城市品牌化不仅包括公共信息活动和广告工具，还包括用于城市治理等其他政策领域的功能和工具。[②] 从战略上，城市品牌化为城市利益相关者提供了基于一般性框架下的集体目标：提高或重塑城市现有的形象，获得所期望的声誉和地位。在此过程中，不同的利益相关者的行动互相补充，朝向所期望的结果努力。城市品牌化要为城市的发展寻找和确立一个能为城市利益相关者所共享的愿景，并激励目标群体作为利益相关者参与通过自我重塑进行城市转型的过程。[③] 因此，城市品牌化是一个长期性的建设过程。城市品牌的可持续性取决于城市顶层设计和长期投入，本质上融入、体现与推动城市的可持续发展。[④] 与城市推广和营销相比，城市品牌是身份驱动的，代表了一种由内而外的方法，寻求表达城市的价值观和叙事。为了实现这一目标，地方品牌应当作为城市发展战略和政策的组成部分，成为城市治理的基石，[⑤] 需要更广泛的政治和管理支持基础，与更多（类型）利益相关者在更多主题上进行合作，以及运用组织本身内更多的专业知识。因此，与城市推广和城市营销相比，城

---

① Wenting Ma, Martinde Jong, Thomas Hopp and Markde Bruijne, "From City Promotion via City Marketing to City Branding: Examining Urban Strategies in 23 Chinese Cities," *Cities* 116 (2021): 103269, accessed November 11, 2021, https://doi.org/10.1016/j.cities.2021.103269.

② Jasper Eshuis and Arthur Edwards, "Branding the City: The Democratic Legitimacy of a New Mode of Governance," *Urban Studies* 50, no. 5 (2013): 1066-1082; Jasper Eshuis and Erik-Hans Klijn, "City Branding as a Governance Strategy,"in *The SAGE handbook of new urban studies*, ed. John Hannigan and Greg Richards (London: SAGE Publication Ltd., 2017), pp. 92-105; Lin Yea and Emma Björner, "Linking City Branding to Multi-level Urban Governance in Chinese Mega-cities: A Case Study of Guangzhou," *Cities* 80 (2018): 29-37.

③ Ari-Veikko Anttiroiko, "City Branding as a Response to Global Intercity Competition," *Growth and Change* 46, no. 2 (2015): 233-252.

④ Keith Dinnie, "Introduction to the Theory of City Branding," In *City Branding*, ed. Dinnie, K. (London: Palgrave Macmillan, 2011), pp. 3-7.

⑤ Martin Boisen, "Place Branding and Nonstandard Regionalization in Europe," in *Inter-regional Place Branding: Best practices, Challenges and Solutions,* ed. Sebastian Zenker and Björn p. Jacobsen (Switzerland: Springer International Publishing, 2015), pp. 13-23; Jasper Eshuis and Arthur Edwards, "Branding the City: The Democratic Legitimacy of a New Mode of Governance," *Urban Studies* 50, no. 5 (2013): 1066-1082.

市品牌的一个重要区别是公众的积极参与。城市品牌鼓励利益相关者参与并应用政策工具，这不仅仅是向目标群体传播信息和收集信息。城市品牌的目标群体，如居民和公司，被认为同时是共同创建、设计和实施城市品牌的利益相关者。

城市品牌化指向的是建构城市良好的声誉。城市声誉被视为利益相关者对城市满足其需求和期望的能力的看法，或基于对过去行为的看法对未来表现的期望，声誉基础包括对声誉主体的感知、看法、感受、评估、信念以及态度，是较长时间内关于城市规范性意见的总和。声誉基于多重形象，比形象更稳定，需要通过长时间建立一致性来培养。① 因此，是声誉，而不是形象是人们对特定对象的态度和行为的关键驱动因素。城市的声誉会随着时间的推移而发展，这是城市持续行为表现的结果，并可以通过有效的、精心设计的传播规划更快地进行塑造和加强。

将本章所厘清与阐述的核心概念关联在一起，我们可以得出这样的结论：城市品牌化是有意识地努力维持和/或提高该地点的声誉，即对城市进行声誉管理。城市形象仍然是城市品牌化最重要的关键问题之一，形象连接了城市身份和城市品牌化战略。城市的身份是排他性的，不可复制的，可以用以区分此城市与彼城市。② 当全球有无数区域和城市声明自己是创新的、有活力的、高科技的、多元的、有创造性的，凸显了独一无二、能够连接全球性和地方性的城市身份之重要性。城市可以通过挑选与城市相吻合的内在物质性和非物质性的要素来识别、提取和编排身份，以寻求进一步加载具有积极联想的地方品牌，这是一个确认城市认同的过程。③ 当一个地方的身份被认可时，身份就变为了承诺、期望和形象。理想情况下，地方的身份和形象之间具有较强的匹配

---

① Charles Fombrun and Cees B M Van Riel, "The Presentational Landscape," *Corporate Reputation Review* 1, no. 1 (1997): 1-16; Nigel Markwick and Chris Fill, "Towards a Framework for Managing Corporate Identity," *European Journal of Marketing* 31, no. 5/6 (1997): 396-409.

② Müge Riza, Naciye Doratli and Mukaddes Fasli, "City Branding and Identity," *Procedia-Social Behavioral Sciences* 35 (2012): 293-300.

③ Ares Kalandides, "Place Branding and Place Identity: An Integrated Approach," *Tafter journal*, 43 (2012), January 3, 2012, accessed July 28, 2021, https://www.tafterjournal.it/2012/01/03/place-branding-and-place-identity-an-integrated-approach/.

性，当大多数人对某一地方在较长时间内具有相似的、有利的强关联时，就形成了正面形象——更确切地说，形成了地方的声誉。

在城市声誉形成的链条上，首先是确定城市身份的核心和出发点，身份先于形象，提供城市品牌化的意义、意图和原因，[①] 在知道我们如何被感知之前，我们必须知道"我们是谁"。[②] 城市品牌化的实践过程发生在一个与整个城市形象和身份紧密相连的传播系统中，同时又是市场营销和传播领域的交叉创新，可以使用一系列的营销方法和技术将城市的文化和历史、经济增长和社会发展、基础设施和建筑、景观和环境等特质组合成所有人都能接受的身份并进行形象的投射。[③] 通过城市品牌化，唤起利益相关者对城市的积极联想，创造城市的独特性，同时超越形象传播，在城市身份、形象与所期望的声誉之间取得平衡：诉诸改善形象，提升吸引力，同时持续改善现实。

从身份、形象、品牌到声誉，是这样的逻辑链条：城市形象的影响因素是多方面的（见表2-2），城市形象传播是基于城市身份（认同），通过实施城市品牌化战略对城市声誉建设和管理过程（见图2-3）。

城市品牌在城市规划和治理过程中起着核心作用，需要嵌入并连接到现有的城市政策。这一过程形成于一个复杂和多层面的背景下，包括经济、文化、政治、媒体和城市规划，各种利益相关者通过各种想法、动机和目标参与其中。这些变量影响城市品牌的形成、变化、实现或不稳定性。[④] 通过品牌战略提高城市的声誉是一个动态和持续的过程，应被视为长期的公共政策。城市品牌化是一个受政治驱动的战略管理过程。

---

① Ahmadreza Shirvani Dastgerdi and Giuseppe De Luca, "Strengthening the City's Reputation in the Age of Cities: An Insight in the City Branding Theory," *City, Territory and Architecture* 6, no. 1 (2019): 2.

② 罗伯特·格弗斯：《虚拟和再现地方品牌化的反思》，载米哈利斯·卡瓦拉兹斯等主编《反思地方品牌建设：城市和区域的全面品牌发展》，袁胜军等译，经济管理出版社，2019，第83页。

③ Li Zhang and Simon XiaobinZhao, "City Branding and the Olympic Effect: A Case Study of Beijing," *Cities* 26, no. 5 (Oct. 2009): 245-254.

④ Ahmadreza Shirvani Dastgerdi and Giuseppe De Luca, "Strengthening the City's Reputation in the Age of Cities: An Insight in the City Branding Theory," *City, Territory and Architecture* 6, no. 1 (2019): 1-7.

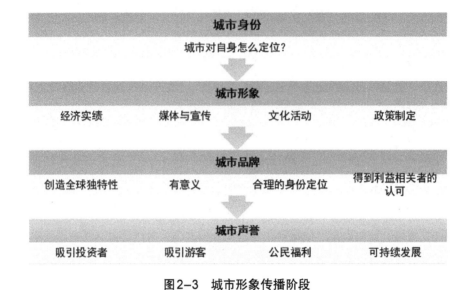

图2-3 城市形象传播阶段

资料来源：Ahmadreza Shirvani Dastgerdi and Giuseppe De Luca, "Strengthening the City's Reputation in the Age of Cities: An Insight in the City Branding Theory," *City, Territory and Architecture* 6, no. 2 (2019): 6。

表2-2 城市形象的影响因素

	领域	类别	概念
城市形象	经济绩效	竞争优势	生活环境的改善，知识经济与文化，旅游活动，投资决策不确定性的降低
		附加值	生产性服务的提升，房地产和资本增值，税收增加，商业繁荣
		经济发展	吸引投资者，为经济目的消除地理界限，将品牌作为无形资本，城市之间以及国家之间的竞争
		世界经济	世界金融机构的所在地，与世界经济的联系，作为世界经济一部分的旅游承载能力
	文化活动	提高城市身份定位	发现城市差异，承认城市身份，赋能文化遗产，强调城市地标
		改善地区形象	发现地区优势，了解居民对城市的看法，了解游客对城市的看法，公民参与理想城市形象的塑造
		社区人文发展	改进文化政策，提高公民受教育水平，大学竞争优势，大学国际化
		全球事件	有针对性地举办全球活动、作为文化资本的活动，作为友好城市的伙伴关系以及扩大国际互动

	领域	类别	概念
城市形象	政策制定	竞争策略	世界上不同职能类型的城市之间的竞争，经济和社会资本的吸引，城市的可持续发展
		国内政治结构	政治体系的类型，国家政策监督下的城市活动，作为公共政策的城市品牌，有政府参与的投资和城市品牌活动
		国外政治结构	国家品牌指数在吸引资源方面的作用，国家认同对城市认同的影响，外交事务，非石油经济的可替代性
	媒体与宣传	文化宣传政策	利用媒体介绍城市品牌，通过文化工具进行建设性变革
		完善传媒基础设施	提升报道文化体育事件的科技水平，发展卫星网络，建设网上传媒平台
		制定一整套措施	应用形象标识、恰当的口号，发展有效的公众关系，最佳策略即通过图解介绍城市，有针对性的宣传
	城市规划	战略规划	平衡全球压力和当地需求，关注城市品牌定位，了解利益相关者的利益，利用利益相关者的权力，把握城市的识别特征，提升对城市品牌的归属感
		城市发展项目	提高城市建设项目的关联度，发展城市公共空间，发展并翻新城市基础设施，从全球旅游模式的获得灵感
		管理城市品牌	有意义的品牌化、动态的品牌化管理、对利益集团的正确定位、基于利益相关者参与的决策、城市管理者在城市品牌化目标中的决策稳定性、政治组织之间的联系

资料来源：Ahmadreza Shirvani Dastgerdi and Giuseppe De Luca, "Strengthening the City's Reputation in the Age of Cities: an Insight in the City Branding Theory," *City, Territory and Architecture* 6, no. 2 (2019): 1-7。

第 三 章

互联网“流动空间”与城市
国际影响力的建构

　　20世纪70年代之前，国家是世界经济的基本单位，全球尺度下城市的地位并不显著，城市之间的关联性也较弱。70年代之后，随着全球化进程的深入发展，城市成为跨国公司的聚集地，在全球经济活动中越来越多地发挥着中心节点的作用。在人流、物流、资金流、技术流和信息流等要素的流动作用下，出现了若干在地理空间权力上超越国家范围、在全球经济中发挥指挥和控制作用的、具有全球影响力的世界性城市。

　　随着经济全球化和信息技术的进一步发展，城市与国家疆域以外的城市之间的国际交往更加紧密，也更多地发生在水平层次而非等级垂直层次上。城市不再是一个地理尺度，而是基于社会群体互动和协商的过程。当代国家的政治、经济、文化和社会交往活动越来越多地向城市集中，城市成为主权国家体系下的关键节点，以及链接国家交往、区域交往之间的枢纽。互联网信息技术进一步推动了社会结构向网络社会的转型，信息时代占支配地位的功能与过程均是围绕网络组织起来的。① 网络社会具有独特的空间形态：流动空间。流动空间对传统固定地域的场所空间产生了影响，也在全球和地方尺度下重塑了世界城市体系。

第一节　网络社会的崛起与流动空间的形成

20世纪80年代以来，以信息技术为中心的新技术革命席卷全球。新信息技术以微电子技术和通信技术为基础，极大地提升了不同环境和不同应用下对海量、复杂信息的即时处理能力。② 便携式信息处理终端的爆发式增长，计算机网络和通信网络的结合，提供了无处不在的无线通信与计算能力，并以光纤、卫星、电子通信技术为基础，以数字化形式互相连接，构成了覆盖全球的信息网络。

尤其是互联网的出现，从根本上改变了信息传播的范式：在以门户网站为代表的第一代互联网（Web 1.0）阶段，互联网通过即时传播、海量储存与超链接、超文本传播形式突破了社会信息传播画地为牢、各自为政的状态，以几何级数提升了信息的传播速度、扩大了传播范围，同时降低了信息传播的成本，实现了信息的互联互通。在以社交媒体为代表的第二代互联网（Web 2.0）阶段，基于协同共享的信息生产机制，强连接和弱连接共同作用的圈层化与破圈化传播机制，以"情感传染与共情"为突出特征的新型社会动员机制，实现了对不同层级、不同权重的个人/群体/组织机构为节点的社会关系的网络化遍在（overwhelming）连接。个人、企业、社会组织、政府机构、城市、区域对互联网的全面接入，形成了对地方社会极具整合力与渗透性的全球信息网络。互联网发展至今已不仅仅是一种传播工具、传播手段、传播渠道和传播平台，而是我们社会的基本操作系统，一种新的社会组织与结构方式。

曼纽尔·卡斯特将信息技术所产生的革命性影响概括为信息主义范式，认为这一新范式具有全面性、网络化、适应性、复杂性、开放性等特性，主要

---

① 曼纽尔·卡斯特：《网络社会的崛起》，夏铸九、王志弘译，社会文献出版社，2001，第569页。

② 同上书，第45—70页。

体现在以下五个方面。第一，信息是新范式的原料，前技术革命是处理关涉技术的信息，而新技术革命不止于此，是处理信息的技术。第二，新技术效果无处不在，影响、塑造个人与集体存在的所有过程。第三，任何使用这些新技术的系统或关系呈现出网络化逻辑：构成网络的节点基于复杂的、非线性互动基础上产生创造性力量，能够自组织，从简单中创造复杂、从混沌中创造出秩序，这既能驱动创新，其发展后果又不可预料。第四，信息技术范式以弹性为基础。新技术具有重新构造的能力，重新排列其组成，可以逆转过程、修正甚至彻底改变组织与制度，翻转规则却不破坏组织。第五，在信息技术范式下，源自共有的信息产生逻辑，不同技术领域的特定技术逐渐聚合为高度整合的系统，诸如将微电子、电信、光电子与电脑整合进了信息系统，微电子技术与生物技术的互相依赖、融合，以及人工智能技术的发展。[①]

信息技术如同蒸汽机、电力、石油之于工业革命，重塑了社会的物质基础，带来了社会结构的变迁和社会关系的变革，产生了新的社会形态，卡斯特将之命名为网络社会（network society）。此处的网络并非特指互联网（internet web）的网络——虽然互联网是网络化逻辑的典型范例——而是由一组相互连接的节点构成，节点由具体网络的类别而规定，诸如构成全球金融网络的节点是股票交易市场以及其附属的高级服务中心。[②]

当然，在"前信息技术范式"的时空条件下，社会的网络组织形式同样存在。从个人、家庭到组织、国家都存在于与其他行为体共同构成的、各种类型的物质性或非物质性网络中，如交通物理通道、能源网络、人与人之间的关系网络、决策控制网络等。物质、能量和信息在网络内部及网络之间流动，推动社会资源的分配和使用，决定了整个社会的运转效率，人类社会就是由各种类型的网络构成的复杂巨系统。[③] 但是，只有在卡斯特所论证的信息技术范式下，网络化逻辑才具备了渗透、扩张、遍及整个社会结构的物质基础，并在全球范围内以"即时"的状态运行，"实质性地改变了生产、经验、权力与文化过程

---

① 曼纽尔·卡斯特：《网络社会的崛起》，第82—90页。

② 肖峰：《论作为一种理论范式的信息主义》，《中国社会科学》2007年第2期。

③ 张文桥：《网络社会初探》，《上海交通大学学报（社科版）》2001年第9卷第3期。

中的操作和结果"。①

网络社会是互联网为主的信息网络与实体网络高度整合的结果,是以信息化为基础,网络化为结构形态,全球化为结果的社会新形态。②与信息革命发生在同一时期,20世纪80年代开始,二战后奉行凯恩斯主义的西方资本主义国家在遭受了70年代经济发展的滞胀危机后,转向解除管制、进行私有化,并打破原来的劳资关系,推行灵活的社会生产和管理模式,不断寻求在全球范围内拓展市场。信息主义和资本主义历史性地融合在一起:网络信息技术为生产和管理体系的互动提供了技术基础设施,生产关系被转化为信息和数据,资本的逻辑与利益同时又塑造了技术革命的方向和形态。新的经济形态是信息化、全球化和网络化的:以知识为基础,由标准化管理和集中化管理为特征的工业化生产转向以信息处理为核心、以弹性网络为组织基础、以效能整合为基本功能、以技术服务为主要形态的新型技术应用模式。③信息技术允许在特定时间和地点搜集的当地市场信息融入弹性的决策系统持续运行,彻底释放了成熟工业经济所蕴藏的生产力,生产、消费和流通活动及其组成元素(资本、劳动、原料、管理、信息、技术、市场)都在全球尺度上被直接或间接通过经济行为体之间的网络组织起来,并在全球互动的网络中提高了生产力与竞争水平。经济的信息基础、全球性触角和以网络为基础的组织形式勾连信息技术革命催生了新的经济形态。到了20世纪末,在技术与政府政策的协力下,世界经济真正发展为全球性经济,即在特定时间内以全球为规模而运作的经济,④人类历史上第一次出现了"任何东西都可以在世界上任何地方生产并销售到世界各地的现象"。⑤

社会结构的物质基础与重新定义存在、空间和时间相关联。空间的形式与

---

① 曼纽尔·卡斯特:《网络社会的崛起》,第569页。

② 郑中玉等:《"网络社会"的概念辨析》,《社会学研究》2004年第1期。

③ 牛俊伟:《从城市空间到流动空间——卡斯特空间理论评述》,《中南大学学报(社会科学版)》2014年第20卷第2期。

④ 曼纽尔·卡斯特:《网络社会的崛起》,第118—120页。

⑤ 莱斯特·瑟罗:《资本主义的未来:当今各种经济力量如何塑造未来世界》,周晓钟译,中国社会科学出版社,1998,第112页。

过程为整体社会结构的动态所塑造，而城市是社会在空间中的投射。[1] 信息技术对社会结构产生了根本影响，也对城市、区域与全球空间产生了影响。在网络社会中，决定人类实践活动同时性的地域上的邻近性依然存在，但是决定实践发生的空间安排发生了重大变化。卡斯特以"流动空间"这一概念指称网络社会全新而独特的空间形态。所谓"流动空间"是"通过流动而运作的共享时间之社会实践的物质组织"，基于信息技术的远程沟通将不在同一空间但在同一时间里并存的实践汇聚起来而得以存在。[2]

卡斯特认为，现代社会是围绕着流动建构的。流动指的是"资本流动、信息流动、技术流动、组织性互动的流动、影像、声音和象征的流动"，是在"社会的经济、政治和象征结构中社会行动者分隔的空间位置之间、有目的的、反复的、可程式化的交换与互动次序"，流动不仅是社会组织的要素，也是支配经济、政治与象征生活的表现。[3] 网络化逻辑导致"较高层级的社会决定作用甚至经由网络表现出来的特殊社会利益：流动的权力优于权力的流动"，流动空间也因此成为我们当前所处社会的主导空间力量和主要空间展现形式。

在卡斯特看来，流动空间由三个层次共同构成：第一层是由微电子为基础的设计、电子通信、计算机处理、信息传播系统，以及基于信息技术的高速交通运输所构成的电子交换回路。这是流动空间的物质技术基础，将当今社会中的诸多空间形式结合起来并产生联系与互动，建构了一个相互流动的全球化空间网络中；这一回路本身也是流动网络的体现，但权力决定了其构造和内容。第二层是由节点（node）和中心（hub）所构成的"转换器"。这些节点和核心既是电子网络中的节点，又可以是现实社会中的组织。其中，城市是流动空间内的主要节点。城市按照其在生产财富、处理信息，以及制造权力等方面承担的不同功能和方式与全球网络连接，构成复杂的世界城市网络体系。第三层是占支配地位的管理精英（而非阶级）的空间组织，是权力的空间。精英阶层是由占据不同社会领导位置的技术官僚—金融—管理精英组成。他们超越每个

---

① 孙忠伟：《流动空间的形成机理、基本流态关系及网络属性》，《地理与地理信息科学》2013年9月第29卷第5期。

② 曼纽尔·卡斯特：《网络社会的崛起》，第505页。

③ 同上书，第466—518页。

地域的历史特殊性，建构只对精英开放的、隔绝的社区，并通过共同的生活方式与空间形式的设计建构代表精英主义的象征环境。[①]

流动空间没有固定的边界和形状，也没有清晰的中心与边缘，是一个随节点的变化而扩张或收缩，因流动而存在的拓扑空间。网络社会中大多数支配性功能和权力，如金融市场、跨国生产和管理网络、国际传播网络都是在无须直接接触的流动空间里组织的，由活动（和行为体）所在的地方，联结这些活动的实体性通信网络以及呈现活动功能和意义的信息流组合而成。[②]

网络社会的崛起与流动空间的出现，在实体空间和虚体空间内对城市间关系进行了多重重构，改变了城市的国际交往及发挥影响力的基础与方式，推动了世界城市网络体系从等级走向网络。

第二节　世界城市体系：从等级到网络

15世纪的地理大发现打破了世界封闭的状态，加深了主要国家和民族的相互联系及交往。在马克思和恩格斯看来，世界市场的形成和全球化运动的发展预示着世界历史的开始，最先开始的是资本全球化，"一方面要力求摧毁交往及交换的一切地方性限制……另一方面它又力求用时间消灭空间"。[③]

资本的全球扩张带来了世界的不平衡发展。阿根廷经济学家普雷维什首先使用了"中心—边缘"概念源对如何打破拉美经济困局进行思考，其后美国学者伊曼纽尔·莫里斯·沃勒斯坦（Immanuel Maurice Wallerstein）以此来分析和描述世界体系：现代世界经济体系是以世界范围的劳工分工为基础而建立的。旧国际分工以基于帝国中心的工业制造和殖民地的农业和原材料开采为基础。西方发达国家通过主导国际政治经济规则的制定，借以操纵国际经济制度，巩固和强化旧的国际经济格局，通过资本主义整体经济体系的劳动分工、不等价交换构成了世界体系中心—半边缘—边缘结构，这是一个基于不平衡发

[①]　曼纽尔·卡斯特：《网络社会的崛起》，第510—519页。

[②]　曼纽尔·卡斯特：《传播力》，唐景泰、星辰译，社会科学文献出版社·当代世界出版分社，2018，第28页。

[③]　《马克思恩格斯全集》第46卷（下），人民出版社，1980，第33页。

展、不平等交换和剩余价值占有的等级制体系。[①]

20世纪70年，出现了跨国公司主导的新国际劳动分工，制造业转移到半边缘和边缘国家以寻找更廉价、可用的劳动力，并在第三世界国家推进进口替代工业化战略。新国际分工带来全球资本主义地理尺度的重组：城市取代国家领土经济，成为全球资本积累空间中的基点和资本主义发展的基石。以美国约翰·弗里德曼（John Friedmann）、萨斯奇亚·萨森（Saskia Sassen）为代表的学者继承了"中心—边缘"的世界体系分析框架，形成了以"中心—边缘"等级体系为主要架构的世界城市体系学说。世界城市以对全球生产和金融资本控制能力为指标，形成了三个子体系：以纽约、芝加哥和洛杉矶等城市为中心的美洲子体系；以伦敦、巴黎和莱茵河谷为中心的西欧子体系；以东京-新加坡为中心的亚洲子体系。其中，伦敦、纽约和东京处于世界城市体系的顶端，大多数世界地区及其人民都被排斥在全球资本积累的空间之外，处于相对落后、贫穷的边缘地带。[②]1973年布雷顿森林体系解体后，在新自由主义逐渐取代福特-凯恩斯主义成为西方主导性经济思想的过程中，金融业逐渐成为现代经济体系的核心，而以金融业为核心的先进性生产服务业位居产业链的最顶端。萨斯奇亚·萨森进一步指出，工业生产分散到劳动力更为廉价的地区，而管理和专业化、创造性的生产服务业，如金融、会计、广告、法律、管理却出现了集中的趋势。她以大量的数据论证了伦敦、纽约和东京对生产服务业的集中度、聚集度和国际化程度，将这三个城市称之为"全球城市"，以突出其发达的全球金融和商业服务中心地位，[③]与弗里德曼将世界城市作为"集中化的指挥部"区分开来。[④]

21世纪以来，随着经济全球化和信息技术的进一步发展，城市与国家疆域以外的城市之间的国际交往更加紧密，也更多地发生在水平层次而非等级垂

---

① 沃勒斯坦：《现代世界体系》第一卷，尤来寅、路爱国、朱青浦等译，高等教育出版社，1998，第194页。

② John Friedmann, "The World City Hypothesis," *Development and Change* 17, no. 4 (Jan. 1986): 69-83.

③ Saskia Sassen, *The Global City: New York, London, Tokyo* (Princeton: Princeton University Press, 1991), pp. 36-43.

④ 张亚军：《全球城市研究进展述评》，《全球城市研究》2020年第2期。

直层次上：城市不仅在全球生产过程中构成的经济网络体系中扮演不同的角色和地位，在同类型生产和服务领域的竞争加大，同时，也在全球产业链条上进行互惠互利的合作。城市不再是一个地理尺度，而是基于社会群体互动和协商的过程。

在世界城市等级体系理论和卡斯特"流动空间"概念的基础上，以英国学者彼特·泰勒（Peter Taylor）为代表的学者开启了世界城市网络理论。泰勒认为，世界城市应该用关系数据取代属性数据来呈现城市的网络关联度。在世界城市等级体系中，城市的控制力是划分城市等级的标准，主要体现为跨国公司总部、国际金融、全球交通、高级商业服务、意识形态渗透和控制的程度。但在世界城市网络理论中，城市作为网络节点的功能、等级及影响力更少地取决于所占有的各种物质资源及其路径依赖关系，也不取决于其在网络中的绝对位置，而是更多地取决于其在全球网络中的连通性，即这个城市与以"全球和地方"为原则的网络中其他节点之间的"联系"程度。[1]

换言之，不仅仅是伦敦、纽约、东京这样的"头部"城市，在传统世界城市体系研究视野之外的地方，其发展格局不再为确定的地点所制约，而以网络行动者的身份参与全球分工，任何一个城市都在全球化和网络化逻辑的影响下，具备作为经济、政治和文化全球传播通道的潜质，[2]以各种方式接入全球性网络。

立足于中国视角观察世界城市体系从等级到网络的变化，至少出现了四个代表性的趋势。

首先，全球化出现了新特征。历史上的全球化是三个累积、交互、重叠和演进的全球化进程：其一，20世纪初的以帝国领土和贸易扩张为标志的帝国全球化；其二，第二次世界大战之后由美国经济统领的美国全球化；其三，20

---

① Peter J. Taylor and Ben Derudder, *Wold City Network: A Global Urban Analysis* (London: Routledge, 2015), p. 96.

② R. Grant, "The Gateway City: Foreign Companies and Accra, Ghana," (paper delivered to the Third World Studies Association Meeting, San Jose, Costa Rica, 21 November, 1999) ; R. Grant and J. Nijman, "Comparative Urbanism in the Lesser oped World: A Model for the Global Era," (paper presented at the Sixth Asian Urbanization Conference, University of Madras, Cheney, India, 5-9 January, 2000).

世纪70年代的企业全球化。当今全球化不再是纽约和伦敦等少数西方城市所主导的进程,[1] 出现了中国作为主要参与者的第三个维度的全球化。本·德鲁德(Ben Derudder)和彼得·J.泰勒(Peter J. Taylor)指出,先进生产服务业正在随着以大数据为中心的互联网和社交媒体公司所生产的知识的输入而发展,并成为最新全球化的特征,例如,金融科技在移动互联网、云计算、搜索引擎和区块链等领域的重要性日益增加,这极大地改变了生产者服务和提供这些服务的企业的性质。而中国一直是这一领域的领跑者,微信和微博等基于互联网的金融和社交媒体品牌直接切入传统金融行业,打破了传统金融服务生态的壁垒,中国工商银行和中国建设银行等主要参与者也发布了互联网金融战略。他们基于707个城市中的175家世界最大的生产性服务公司的办公室网络数据,通过连通性(WCN)和多变量分析揭示了当今的美国主导的广泛性全球化(extensive globalization)、美国主导并附加伦敦的深入全球化(intensive globalization),以及不断发展中的中国全球化进程(Chinese globalization)。2018年,主要由中资银行所构成的连通性战略已经取代了2000年以东京和曼谷为中心、由日本银行和广告公司组成的太平洋亚洲共同区域战略,北京、上海、深圳、太原、昆明等城市是具有全球连接价值的中国城市。[2] 但是,相关研究也显示,中国的全球参与是广泛的,而不是深入的,这意味着中国仍然缺乏作为一个主要世界大国相称的影响力。[3]

其次,流动空间改变了地方的意义。过去一百年,科学技术、产业体系及其运作机制的变化改变着全球化和国际分工的内涵,新兴城市依托新的经济领域获得了参与国际分工的资格,构成了全球化背景下世界城市交往的基本关系结构与整体发展格局。20世纪80年代以来,在经济全球化和信息化的驱动下,各种发展要素在全球范围内高度流动,生产、技术、资本、劳动力重新布局,

---

[1] Robinson, J, "Global and World Cities: A View from off the Map," *International Journal of Urban and Regional Research* 26, no. 3 (2002): 531-554.

[2] Ben Derudder & Peter J. Taylor, "Three Globalizations Shaping the Twenty-First Century: Understanding the New World Geography through Its Cities," *Annals of the American Association of Geographers 110,* no. 6 (2002): 1831-1854.

[3] W. Liu & M. Dunford, "Inclusive Globalization: Unpacking China's Belt and Road Initiative," *Area Development and Policy 1*, no. 3 (2016): 323–340.

流动空间的重要性日益超越了地理空间。[①] 在数字经济的新模式下，跨境信息流、资金流和物流的便利化和个人化催生了以集约交易平台连接终端消费者，以终端消费者体验为宗旨、驱动线下交付服务的跨境B2C商业生态系统，打破了原有B2B2C多环节链状贸易结构，交易流程扁平化，服务集约化，线上线下一体化，数字经济优化企业，尤其是中小企业的运营成本，推动其加入全球化运营的进程。[②]

再次，不仅是北京、上海这样的国际大都市崛起为或者正在崛起为新区域性，乃至全球性中心，原本处于世界城市"中心—边缘"体系腹地的中国乡镇也在正在重新确立自身在"中心—边缘"版图中的坐标。基于当地产业基础与资源禀赋发掘特色产品，中国乡镇借助电商平台联结国内国际市场，辅以政府的政策与资金支持，从自发式涌现，集群化发展，到形成产业链，催生了新的工业化体系。中国淘宝村数量从2009年的3个增加到2019年全国25个省（自治区、直辖市）的4310个，全国淘宝村和淘宝镇网店在2018年7月1日至2019年6月30日，年销售额合计超过7000亿元人民币。其中，有474个"淘宝村"在阿里巴巴旗下的跨境电商平台"速卖通"上向海外销售商品，年销售额合计超过1亿美元。以浙江省金华市义乌市、江苏省睢宁县沙集镇、山东省菏泽市曹县为代表的中国淘宝村突破了传统区位约束，实现了社会和经济跃迁式发展，重构了乡村地区物质空间和社会系统。[③] 中国淘宝村的涌现印证了卡斯特的预言："我们社会中主要支配性过程都连接在网络里，这些网络连接了不同的地方，并且生产财富、处理信息以及制造权力的层级，分配每个地方特定角色和权力，而这最终决定了每个地域的命运。"[④]

最后，除了经济交往活动，城市还通过联合国机构主导的超国家城市网络，国家部门主导的国家间城市网络，城市政府机构、社会组织乃至公民个

---

① 张京祥等：《全球化时代的城市大事件营销效应：基于空间生产视角》，《人文地理》2013年第5期。

② 阿里研究院＆埃森哲咨询公司：《2020年全球跨境B2C电商趋势报告 中国将成最大市场》，http://www.199it.com/archives/355771.html，2015年6月12日，访问日期：2022年12月20日。

③ 阿里研究院阿里新乡村研究中心等联合发布《中国淘宝村研究报告（2009-2019）》，2019年8月。

④ 曼纽尔·卡斯特：《网络社会的崛起》，第509页。

体制造的跨国城市网络加入全球化进程；[1] 构成城市间的政治、社会和文化联系网络，即卡斯特所指的关涉全球治理与公民社会进程的流动空间。经济与政治、技术、社会文化之间的相互作用不断重塑世界城市体系的结构与面貌。

第三节　网络时代的城市国际影响力：传播即权力

世界城市体系和全球城市概念的提出是基于经济全球化的发展，强调的是城市对国际经济活动的控制力和影响力。但是，城市不是基于"命令—服从"的等级关系和自上而下的控制，即使按照城市属性排序也并不意味着更高位次的城市可将意志强加于排序更低的城市。[2]

在信息时代的网络社会，城市间的网络是高度动态的、开放的。网络的价值随网络节点数目的乘方而增加，网络中的节点只要有共同的信息编码，包括共同的价值观和共同的成就目标，就能实现互联互通，而一旦身处网络之外，成本与弊端也会随网络规模的扩大而增加。[3] 城市需要通过对网络关系的协调、互动与合作，通过促使网络中其他行动者行使功能的方式来发挥影响力。

影响力是与权力属于相同范畴的术语，在某种程度上可以与权力交替使用。权力是指挥和要求别人服从的能力，是"根据需要影响他人的能力"，[4]"即使遇到阻力的情况下仍有实现自己意愿的可能性"。[5]

约瑟夫·奈（Joseph S. Nye）将权力区分为硬权力和软权力，一个国家硬权力的基础是其经济实力、军事力量、能源储备、人口规模等资源，文化、意识形态、价值观念等是软权力的来源，一个国家可以通过其价值观念的吸引

① Peter J. Taylor, "New Political Geographies: Global Civil Society and Global Governance through World City Networks," *Political Geography* 24, no. 6 (August 2005): 703-730.

② 马学广、李贵才：《全球流动空间的当代世界城市网络理论研究》，《经济地理》2011年第10期。

③ 谢俊贵：《当代社会变迁之技术逻辑——卡斯特尔网络社会理论述评》，《学术界》2002年第95期。

④ 杰克·普拉诺等：《政治学分析词典》，胡杰译，中国社会科学出版社，1986，第9页。

⑤ Max Weber, *The Theory of Social and Economic Organization* (London: Free Press 1947), p. 152.

力、议程设置和制度安排使他人按照本国的要求行事而获得更大的回报。[①] 权力还可以来源于对有形资源的组织、管理、支配和运用，体现的是行为体之间的关系及关系之间的结构。[②] 因此，权力也是最根本的社会进程。

卡斯特也认为，权力大致上是通过两种方式来进行实践的，一种是通过胁迫或暴力的方式，另一种是建立在对信息和传播的控制之上，即通过塑造思想。有权力的社会行动者有更多的资源与能力去诠释社会、赋予对象意义。话语是知识与语言的结合，是这一过程的具体表现，被福柯视为权力运作普遍机制中的要素，哈贝马斯将其解释为通过话语实现合法性的过程，即合法性的获取依赖于通过传播在社会中建构共同意义所制造的同意。[③] 卡斯特进一步提出，在网络社会中，信息成为社会组织的主要成分，网络之间的信息和意义流动是社会结构的基本线索。信息处理与沟通的技术在人类历史上第一次让"人类的心智成为一种直接的生产力"。[④] 换言之，网络社会中，权力被重新定义，传播不仅是权力实现的方式，而是权力本身。

网络社会中对他人实施控制的权力是多元层面的，取决于两个能力。第一是构建网络的能力，以及根据网络目标来对网络进行编制或者重新编制的能力，这一权力的拥有者被称为网络编制者（programmers）。每个网络都有其编制的特有过程，这包括网络规则的制订、技术标准的分配以及内容的生产，而各个网络的愿景、计划，以及生成编制的框架的传播都是以全球多媒体商业网络和互联网为核心的——如同标准化的集装箱在流动过程中使世界制造系统成为可能，得益于互联网信息技术的进步，全球化、受众导向的大众传媒与电脑沟通中介合力造成了一种新的全球性沟通系统，[⑤] 这成为决定网络支持者传播接触度的先决条件。网络编制能力的关键资产之一是控制和影响传播网络，并建立有利于潜在编制者的传播过程和加强说服效果，这种能力最终取决

---

① Joseph S. Nye，《美国注定领导世界？美国权力性质的变迁》，刘华译，中国人民大学出版社，2012。

② 蔡文之：《网络：21世纪的权力与挑战》，上海人民出版社，2007，第3—5页。

③ 曼纽尔·卡斯特：《传播力》，第8—13页。

④ 同上书，第26—27页。

⑤ 曼纽尔·卡斯特：《网络社会的崛起》，第102页。

于产生、扩散和影响构成人类活动的话语能力，以及"型塑"网络中的意见的能力。第二是通过共享共同目标和组合资源连接和确保不同网络的合作，同时通过建立战略合作来防止与其他网络的竞争，拥有这种权利的被称为切换者（switchers）。诸如政治精英在政治领导网络、媒体网络、科学和技术网络以及军事和安全网络之间建立的微妙又复杂的联系、交换与对接，以维护地缘政治战略。这需要建构文化和组织接口的能力，包括共同的语言、媒介以及对普遍接受的价值——交换价值，不论是货币还是服务的支持。在围绕复合化数字传播的本地—全球网络建构的社会化传播领域中，话语得以生成、扩散、争斗、内化，并最终体现在人类行动中，网络社会中的权力就是传播权力。①

　　需要指出的是，近年来，全球互联网拓扑的再结构化已经远离了20世纪60年代设计之初的理想化的分布式结构，走向了大规模的结构集中化。网络空间的路线和位置在很大程度上复制了早期通信模式的结构和形式。随着信息技术发展，人类传播活动的数字化程度越高，虚拟性会越低，给定的活动就会越物质化。②互联网信息技术必然内嵌于现实结构和关系之中，传统地缘政治空间的实际地理位置并没有完全消失，相反，数字技术所构成的网络关系反而凸显了实际物理位置和本地化的重要性。例如，数字技术的发展可以令欧美企业将客服中心放置于孟买或班加罗尔，这看似是疆域消泯的典型案例，但是呼叫中心实际上并不在"地理之外"，恰恰在"地理之中"。英国企业的呼叫中心倾向于放在印度城市，法国和西班牙企业的呼叫中心更多地放在北非城市，均是帝国主义和殖民主义历史上统治疆域在网络时代的"再疆域化"。③

　　城市的国际交往涵盖资本、物资、财产、技术、人员的交换与流动，同时也是信息及其所蕴含的文化价值观念的传播与互动。城市能否提出并传播代表世界城市未来发展方向的先进理念与创新性解决方案，打造独特而强大、又能赢得全球社会认同的身份与"标识"，在必要时能够制定、运用和借助诸多机制和规则"达成共识、争取支持、促成行动"，在某种程度上才能维系、加强

---

① 曼纽尔·卡斯特：《传播力》，第34—43页。

② David Morley, Communications and Mobility: The Migrant, the Mobile Phone, and the Container Box, p. 97.

③ Ibid., p. 97.

或调节城市发挥国际影响力的深度与广度，拥有"型塑"国际社会认知、观念与行为的塑造性权力。阿姆斯特丹等城市所倡导的绿色城市、智慧城市理念背后是一整套基于水力、风能等可再生能源开发与利用的技术标准和经济发展模式；是政治网络、学术网络和商业网络之间互相连接提供有关"良好城市"的知识、规范和合法性；这既投射与发挥了城市的国际影响力，吸引了其他城市的追随与仿效，也从实际上树立了城市在全球竞争发展中的比较优势，互相影响与促进。

我们必须认识到，网络被创造出来不仅是为了沟通，还为了占据位置，甚至阻碍沟通。[①] 以社交媒体为代表的新兴媒体因具备开放性、交互性、海量性和共享性的特点，成为建构城市影响力的重要渠道。理论上，"虚拟空间"中的每座城市之间的信息流动都是均等的。但事实并非如此。在通信基础设施及其相关联系的层次模式所创建的路径基础之上，信息与观念的传播网络忽略了地理上的绝对距离和物理上的连续性：政治和经济特征等一系列共同因素令东京与纽约的联系比与北京的联系更紧密，信息与观念从美国纽约到日本东京10 000多公里的传播，比从中国北京到日本东京2000余公里的传播更容易。[②] 在网络节点所扮演的"互动者"和"被互动者"两种角色中，只有承担"互动者"角色的城市，才能够整合一致的文化力量和软权力资源，掌握思想、价值观念和文化输出的主动权，否则将在全球信息博弈中处于被动状态。因此，世界各地的政府都需要争取虚拟空间中的支配地位，并视其为一种权力工具、巨大利益的可能来源以及高度现代性和先进性的象征。[③]

综上所述，在信息时代的网络社会中，城市在不同行为体所构成的各种类型的物质性或非物质性网络中的现身或缺席，以及所处于的位置相对于其他城市的动态关系，成为城市发挥国际影响力的制约因素。

---

① Geoff Mulgan, Communication and Control: Networks and the New Economies of Communication (New York: Guilford Press, 1991), p. 21.

② David Morley, Communications and Mobility: The Migrant, the Mobile Phone, and the Container Box (West Sussex: John Wiley & Sons Ltd, 2017), p. 96.

③ 曼纽尔·卡斯特：《网络社会的崛起》，第142页。

第 四 章

北京城市战略定位与北京国际
形象传播的历史方位

　　作为六朝古都，北京在中国对外交往史乃至世界文明传播史上占据着重要地位。北京的对外交往最早可以追溯到隋唐时期。至元朝，北京已成为名副其实的国际大都会，来自中亚和欧洲的传教士、商人、使者和旅人络绎不绝。作为东西方交流的重要节点，元大都（北京）是元朝陆上"丝绸之路"出口的主要始发地和进口的主要终点站，同时也在海上"丝绸之路"的贸易中发挥着重要作用，而火药、指南针、印刷术这三样"在世界范围内把事物的全部面貌和情况都改变了"的重大发明，都是通过这一时期的"丝绸之路"从中国传到欧洲的。① 以《马可·波罗游记》《鄂多立克东游录》《曼德维尔游记》为代表的西方旅行者所撰写的游记作品以夸张的笔触与华丽的溢美之词描绘了东方帝国都城强大富庶、气象辽阔的景象，在这些作品饱含戏剧化元素和充满奇迹的故事里，东方古都的形象演化为神话与传说。②

　　18世纪至19世纪，北京的国际形象开始发生变化。尤其是鸦片战争之后，

---

　　① 罗炤：《元朝"丝绸之路"与元大都》，载北京市社会科学院历史研究所编《北京史学论丛2014》，中国社会科学出版社，2015，第107—124页。

　　② 吕超：《东方帝都：西方文化视野中的北京形象》，山东画报出版社，2008，第18—47页。

中国在东亚地区所主导的"诸藩入贡、华夷一统"的"天下"体系逐渐崩塌。走向黄昏的帝国一步步沦为半封建半殖民地社会，并同时经历着向现代民族国家转型、加入世界体系的双重阵痛。在这一过程中，随着中国的发展逐渐落后于西方国家，北京"黄金之城"的形象也逐渐消解，西方世界对北京的认识也由"喜好到厌恶，憧憬到诋毁，好奇到蔑视"。[①]

新中国成立后，"如何建设首都，建设一个什么样的首都"始终是一个重大的战略问题。北京作为东方文化古都同时又是社会主义大国的首都，对国际社会具有很强的神秘感和吸引力。但受国内外形势及国家和北京发展水平与自身实力等因素影响，在改革开放之前，北京的国际交往活动及国际化程度有限，北京没有能力与意识界定与确立城市的国际身份，北京国际形象的塑造与传播在很大程度上仍然是自发的和"他塑"的，而不是"以我为主"主动传播和塑造的。新中国成立后，北京历次重大的城市规划方案制订历程显示，中央及北京市政府对首都国际身份的认识是不断深化、丰富的，对北京的国际化水平以及北京在世界舞台上所起到的作用不断提出更高的要求。新时期，北京城市战略定位为北京国际形象传播确立了新的历史方位。

第一节　北京城市战略定位与北京国际身份的演变

一个城市政府部门制定的城市战略规划集中体现了城市对自身的身份定位。城市战略规划制定过程与历史沿革是城市自我定位的过程，反映了对自身地位不断变化的认知，展现了城市如何认知同其他城市的比较优势，期望获得什么样的声誉与地位。[②] 如前文所述，从战略管理的角度而言，城市管理者对城市国际身份的界定是城市国际形象传播的起点。

---

① 吕超：《东方帝都：西方文化视野中的北京形象》，山东画报出版社，2008，第156—157页。

② 王梓元：《国际政治中的地位与声望：一项研究议程》，《国际政治研究》（双月刊）2021年第3期。

一、北京城市战略定位的演变

新中国成立后，北京城市的战略定位经历了一个不断调整、加深的过程。北京首先于1953年编制了《改建与扩建北京市规划草案的要点》，将首都定位于"我国政治、经济、文化的中心，特别要把它建设成为我国强大的工业基地和科学技术的中心"。[①] 1954年10月，北京向中央上报了《市委关于改建与扩建北京市规划草案的问题向中央的报告》，也强调北京要建设成为强大的工业基地。同年，国家计委经过反复研究，回复中央批转的北京《市委关于改建与扩建北京市规划草案要点》，明确指出，鉴于北京的城市性质、历史资源和环境条件，北京不应当建成强大的工业基地。但是，受当时的历史条件下要走工业化道路的思路影响，北京仍然在1957年编制的《北京城市建设总体规划初步方案》、1958年编制的《北京市总体规划说明（草稿）》、1973年编制的《关于北京城市建设总体规划中几个问题的请示报告》中贯彻了"大而全"的城市定位与建设思路。在"文革"期间，北京城市建设基本背离了首都性质，处于无计划盲目建设的失控状态，北京发展为污染严重的重工业城市。党的十一届三中全会以后，北京城市建设急需重新认识城市性质、制定城市规划。[②] 这一时期囿于冷战的外部环境与中国自身实力地位所限，北京的国际交往活动较为受限。北京着重于恢复和发展生产，通过工业化改变落后的经济与物质基础，北京的战略定位也聚焦于将首都建设成为全国的工业基地。

改革开放后，北京对自身的国际身份有了更为鲜明的诉求，逐渐展现了首都的雄心与发展愿景。1980年4月，中央书记处召开会议，做出关于首都建设方针的四项重要指示，提出"要把北京建成全中国、全世界社会秩序、社会治安、社会风气和道德风尚最好的城市，要把北京变成全国环境最清洁、最卫生、最优美的第一流城市，也是世界上最好的城市，要把北京建成全国科学、文化、技术最发达、教育程度最高的第一流城市，并且在世界上也是文化最发达的城市之一，要使北京的经济不断繁荣，人民生活方便，安定"。[③] 四项指

---

① 苏峰：《北京城市定位的几次演变》，《北京党史》2014年第4期。

② 徐向东：《建国后北京城市建设方针的演变》，《北京党史研究》1996年第2期。

③ 同上，第30页。

示为北京建设的拨乱反正指明了方向。

同年8月，北京市委向中央做了《关于贯彻执行中央书记处对于北京市工作方针四项指示的汇报提纲》，首次提出"北京是我国的政治中心与国际交往中心"，并在提纲中两次提出"北京市的工作必须把为中央服务好，为外事服务好放在首要地位"。[①]1982年，北京制定了《北京城市建设总体规划方案（草案）》并于1983年得到了中央的批准及10条重要批复。可以说，这一版城市总体规划反映了北京社会经济的发展变化，是北京城市规划走向成熟的标志。北京逐步调整了产业结构，正常发挥全国政治中心、文化中心的首都功能，"为中共中央、国务院领导全国工作和开展国际交往，为全市人民的工作和生活，创造日益良好的条件"。[②]

80年代末，北京曾组织城市发展战略研究，形成了要建设成与纽约等世界中心城市比肩的初步想法，但北京城市当时的现代化程度和国家的整体状况都决定了这仅仅是一个相当遥远的愿景。因此，北京城市发展目标着眼于城市的现代化，而不是具有世界影响力、辐射力和控制力的世界中心城市。[③]1993年版北京城市总体规划提出，"北京是我们伟大社会主义祖国的首都，是全国的政治中心和文化中心，是世界著名的古都和现代国际城市"，体现了北京城市发展的国际意识，对首都性质的认识进入了新的阶段。1995年4月，中央提出四项服务，强调了北京服务于中央工作大局的功能，即北京市"要为党、政、军首脑机关正常开展工作服务；要为日益扩大的国际交往服务；要为国家教育、科技和文化发展服务，要为市民的工作和生活服务"。[④]

2004年《北京城市总体规划（2004年—2020年）》开始在"首都"和"城市"中寻求平衡，将北京城市性质和发展的目标定位为政治中心、文化中心，是世界古都和现代国际城市，将城市发展目标分为三步，到2050年成为世界

①　徐向东：《建国后北京城市建设方针的演变》，《北京党史研究》1996年第2期，第28页。

②　李东泉、韩光辉：《1949年以来北京城市规划与城市发展的关系探析——以1949—2004年间的北京城市总体规划为例》，《北京社会科学》2013年第5期；曹子西：《北京通史》第十卷，中国书店，1994，第99页。

③　余钟夫：《北京建设世界城市的背景及面临的挑战》，《中国特色社会主义研究》2010年第4期。

④　徐向东：《建国后北京城市建设方针的演变》，《北京党史研究》1996年第2期。

城市。2008年，北京成功举办奥运会，城市的现代化和国际化水平得到全面提升，北京提出了"人文北京、科技北京、绿色北京"的战略任务，并以"三个北京"行动计划为基础，提出建设世界城市的战略目标。

从这些规划和目标上看，改革开放以来，北京市所确立的整体发展方向和现代化、国际化大都市的特点是基本一致的，对城市发展规律的认识不断深化，为北京开展国际交往提供了战略思想上的指导和保证。

2010年8月23日，习近平总书记到北京市调研时指出，北京建设世界城市，要按照科学发展观的要求，立足于首都的功能定位，着眼于提高"四个服务"水平，既开放包容、善于借鉴，又发挥自身优势、突出中国特色，努力把北京打造成国际活动聚集之都、世界高端企业总部聚集之都、世界高端人才聚集之都、中国特色社会主义先进文化之都、和谐宜居之都。2014年2月，习近平总书记再次视察北京，就推进城市发展和管理工作发表重要讲话。在这次讲话中，习近平提出，坚持和强化首都全国政治中心、文化中心、国际交往中心、科技创新中心的核心功能，深入实施人文北京、科技北京、绿色北京战略，努力把北京建设成为国际一流的和谐宜居之都。首次提出"国际交往中心"是北京的核心功能。学习、贯彻、落实习近平总书记视察北京重要讲话精神，北京不断凝聚首都建设发展共识，历时三年，于2017年发布了《北京城市总体规划（2016年—2035年）》，"……北京的一切工作必须坚持全国政治中心、文化中心、国际交往中心、科技创新中心的城市战略定位，'有所为、有所不为'"。

北京将国际交往中心确立为城市战略定位具有历史基础和现实动因。从客观条件来看，北京深厚的历史文化积淀以及改革开放40年来所取得的伟大成就为北京建设国际交往中心打下了良好的基础。新中国成立后，北京的国际交往掀开了新的一页。由于新中国政治体制的特点，受当时的国际环境及中国对外政策影响，新中国成立直到改革开放之前，北京的国际交往活动主要体现为服从中央的领导与统一安排，配合国家总体外交，为国家赢得良好、稳定的国际环境做出了重要贡献，北京自身进行国际交往的空间较为有限。改革开放再次开启了北京"走向世界、融入世界、影响世界"的征程。① 除了继续执行和落实中央外交政策和外交任务、服务于国家总体外交，随着中央授予、扩大地方政府管理经济、社会、文化等事务的自主权，北京市按照"统一领导、归口管理、分级负责、协调配合的原则"建立了市外办归口管理的、完善的对外工作体系，并通过外事和外宣两条战线的协调、配合，北京市人民对外友好协会等民间团体的积极参与，在外事、外贸、科技、文化、旅游、民间交流等各个领域开展了国际交往活动。②

随着国际交往中心战略定位的明确，北京进一步释放国际交往活力，国际高端要素加速聚集，服务国际交往的软硬件水平全面提升。③ 根据全球化与世界级城市研究小组与网络（Globalization and World Cities Study Group and Network，GaWC）的权威排名，按照国际声誉、国际事务参与度及影响力、人口、吸引投资、文化机构及活动、交通系统、国际金融机构、律师事务所等高级生产者服务公司分布等13个主要参考标准，2010年北京位于全球城市排名的第三档Alpha，2012年上升为第二档Alpha+，2016年北京排名在国际一线城市的第一档Alpha++纽约和伦敦这两个城市之后，是仅次于新加坡、香港、巴黎这三个城市的Alpha+城市；2020年公布的最新排名，北京保持住了这一国际地位（见表4-1）。经过改革开放40年的发展，北京基本形成了全方位、多层次、宽领域的对外开放格局，发展为具有较高国际知名度和影响力的国际城市。

表4-1 GaWC 2020年全球城市排名情况（Alpha级及以上）

Alpha++级（共2个）	Alpha+级（共7个）	Alpha级（共15个）		Alpha-级（共26个）	
伦敦	香港	悉尼	墨西哥城	华沙	旧金山
纽约	新加坡	洛杉矶	圣保罗	首尔	卢森堡

① 熊九玲：《勇立改革潮头 擘画开放蓝图——改革开放40年与国际交往中心建设》，《前线》2018年第8期。

② 赵可金：《北京世界城市战略中的城市外交》，载《城市外交：中国城市外交的理论与实践》（《广州外事》增刊），社会科学文献出版社，2016，第88—105页。

③ 刘波：《北京国际交往中心建设的现状及对策》，《前线》2017年第9期。

续表

Alpha++级 （共2个）	Alpha+级 （共7个）	Alpha级 （共15个）		Alpha-级 （共26个）	
上海	多伦多	芝加哥	约翰内斯堡	蒙特利尔
北京	孟买	吉隆坡	苏黎世	慕尼黑
迪拜	阿姆斯特丹	马德里	墨尔本	新德里
巴黎	米兰	莫斯科	伊斯坦布尔	圣地亚哥
东京	法兰克福	雅加达	曼谷	波士顿
		布鲁塞尔	斯德哥尔摩	马尼拉
			维也纳	深圳
			广州	利雅得
			都柏林	里斯本
			台北	布拉格
			布宜诺斯艾利斯	班加罗尔

资料来源：GaWC世界城市评级，http://www.lboro.ac.uk/gawc/gawcworlds.html。

二、北京国际交往中心战略定位的时代特征

改革开放40余年来，北京国际化建设是以纽约、巴黎、东京等世界城市为标杆，发展为具有国际知名度和影响力的一线国际城市。在新的历史时期，习近平主席所提出的北京国际交往中心的战略定位指向了新的历史起点，具有鲜明的时代特征。

新时代推进北京国际交往中心建设，是北京承担大国首都责任，参与全球治理，展现中国特色、中国气派、中国风格的历史使命。21世纪以来，一大批新兴市场国家和发展中国家快速发展，国际体系和国际秩序深度调整，国际力量对比深刻变化并朝着有利于和平与发展的方向变化。但国际体系调整和全球秩序转型是一个较长的过程，由于传统大国和新兴大国在国家利益、心态、目标和行为方式等方面的差异显著，往往带来冲突的积聚及爆发。[①] 大国之间

---

① 王存刚：《更加不确定的世界，更加确定的中国外交——改革开放以来中国外交的整体性思考》，《世界政治与经济》2018年第9期。

激烈博弈，地区性热点问题频发，单边主义和民族主义思潮蔓延，世界形势充满了不确定性。面对"百年未有之大变局"，中国不畏挑战与风险，走出了一条具有中国特色、中国气派、中国风格的大国外交之路。党的十八大以来，中国全面推进与世界各国友好合作，积极维护本地区及世界的稳定安宁，深入参与和引领全球治理，更加主动服务国内改革发展，推动构建新型国际关系，推动构建人类命运共同体，为不稳定的世界局势增加了最大的稳定性。①随着中国逐步走近世界舞台的中央，为世界作出更多的贡献，北京会与国家、区域和全球政治产生更多互动。除了继续坚持将保障与服务国事活动作为国际交往的首要任务，北京需要在继承历史经验的基础上，配合国家总体外交，更充分地利用友城平台，进一步发挥首都优势，利用国际会议、国际组织等渠道及对话机制，参与全球性议题的议程设置、国际规则的制定、城市所面临的全球性问题的方案解决，为实现国家及城市的共同发展和繁荣发出北京声音，贡献北京智慧与力量，开拓更为深广的国际发展空间。

新时代推进北京国际交往中心建设也是进一步深化改革，扩大开放的必然要求。40余年的城市发展经验证明，改革开放是推动北京发展进步的基本途径，也是推动北京国际交往水平不断提升的根本动力。习近平主席表明了中国进一步扩大开放的决心，"中国将始终是全球共同开放的重要推动者、世界经济增长的稳定动力源、各国拓展商机的活力大市场、全球治理改革的积极贡献者"。②北京国际交往中心建设，要依靠新一轮改革开放所提供的强劲动力和创新活力，在改革发展中破除思想观念的落后保守、产业结构的不合理、市场机制的不完善、涉外法律法规体系的薄弱等阻碍北京推进国际交往中心建设的因素；而北京进一步搭建全球开放合作的国际平台，广泛吸收世界各国的先进科技文化与发展经验，能够为深化改革，促进发展聚集国际资本、信息和智力

---

① 王毅：《2018年中国外交大幕已拉开　有四大主场外交》，中国网，2018年3月8日，http://www.china.com.cn/lianghui/news/2018-03/08/content_50682277.shtml，访问日期：2021年12月20日；王毅：《在2018年国际形势与中国外交研讨会开幕式上的演讲》，外交部网站，2018年12月11日，https://www.fmprc.gov.cn/web/wjbzhd/t1620761.shtml，访问日期：2021年12月20日。

② 参见《习近平在首届中国国际进口博览会开幕式上的主旨演讲》，新华网，2018年11月5日，http://www.xinhuanet.com/politics/leaders/2018-11/05/c_1123664692.htm，访问日期：2021年12月20日。

资源的支持。

推进北京国际交往中心建设也是北京以"世界眼光、国际标准"进行城市规划、建设和管理的必然要求，是深化落实首都城市战略定位的重要内容。超大型城市治理是一个世界性难题。历史上，伦敦、东京、巴黎都曾通过经济与行政手段、公共设施建设等服务手段、规划与法律手段疏解首都功能，妥善应对人口、环境和经济增长的挑战，提升城市的全球竞争力。① 作为复合功能型大国首都，北京城市发展到一定阶段，人口高度集聚和空间形态复杂化给北京的居住、交通、环境、社会秩序等方面带来了巨大的压力，也影响了北京作为国际交往中心的形象和功能发挥；石家庄、廊坊、保定、唐山、秦皇岛、张家口、承德、沧州等环京八座城市同北京也存在相当大的发展差距，尚未构成成熟的都市圈，而纽约、东京、伦敦同周边地区构成的大都市圈内的发展水平相近，能够为这些城市的发展提供支持。因此，北京必须突破孤岛式的"单城突进"的状态，② 促进区域协调，从建设北京这一个世界城市，升级为通过京津冀协同发展战略，建设和谐、美丽、宜居的"世界城市群"，为全球性问题的解决和超大型城市治理提供具有中国特色的北京方案。

纵观新中国成立后北京制订的城市规划方案，北京城市身份的国际化内涵不断得到加强。新时期，北京要走出具有时代鲜明特征、中国特色、北京特点的国际交往中心建设之路，国际交往中心的核心功能定位赋予了北京城市形象新的内涵，为北京国际形象传播提供了新的契机，也提出了新的目标与任务。

第二节　北京国际形象传播的历史资源与现实基础

经过改革开放40余年的发展，北京基本形成了全方位、多层次、宽领域的对外开放格局，具备较高的国际交往水平，发展为具有较高国际知名度和影响力的国际城市，这为北京国际形象传播奠定了基础，提供了必要的条件。

---

① 李晓江、徐颖：《首都功能的国际比较与经验借鉴》，《北京人大》2015年第8期。

② 余钟夫：《北京建设世界城市的背景及面临的挑战》，《中国特色社会主义研究》2010年第4期，第11—15页。

一、北京多维度的国际交往

北京国际交往是经济领域、政治领域、文化领域和社会领域的多领域、多因素的动态发展过程。如图4-1所示，政治、经济、文化和社会四个领域分别有不同的要素进行作用，但如同四个领域是密不可分的一样，各个要素也是紧密联系，共同作用于北京城市国际交往的进程。

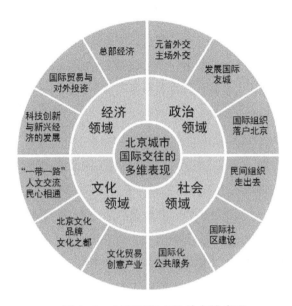

图4-1　北京国际交往的多维表现

资料来源：作者整理。

（一）政治领域的国际交往优势与要素

北京市服务、保障国家重大外交外事活动，通过元首外交和主场外交向国际社会展示中国改革开放和现代化建设成就，展现大国首都风范。新冠疫情以来，北京积极创新"云外事"模式，保持国际交往活力；2022年2月初，伴随着北京冬奥会的春风，北京隆重举办了一系列主场外交活动，展现友好合作关系。

除了服务、保障国家重大外交外事活动，北京以城市治理主体的身份参与全球治理，建立以友好城市为基础的广泛联系网络。友好城市是北京国际交往的重要平台。截至2019年10月，北京已经与世界上53个国家建立了77对友好城市（区）关系。① 北京在"一带一路"沿线国家有36对友好城市，② 国际友好城市以其非官方的特征在解释"一带一路"政策，传达我国友好与善意的过程中发挥了重要作用。自2015年11月"16+1首都市长论坛"倡议首次提出以来，北京仅用短短9个月的时间就将这个重要倡议转化成了现实，并与"一带一路"友好城市建立了相关的常设对话和定期交流机制。③ 通过友好城市合作为大气污染、交通拥堵、垃圾污水等"大城市病"寻求破解之道。"北京—柏林城市可持续发展研讨会"和"中荷智慧城市高峰论坛"等平台都为政府和企业间开展务实合作搭建了重要平台。④ 北京还充分发挥友好城市的主渠道作用，通过同友好城市在文化、科技、体育和交通等多个领域，全面展示北京的"首都风范、古都风韵和时代风貌"。

（二）经济领域的国际交往优势与要素

在经济总量方面，北京人均国内生产总值已经超过5000美元，相当于世界中等收入国家和地区的水平。在2018年9月公布的第24期全球金融中心指数（GFCI）排名中，北京位列第8。北京是总部经济的发源地，是国内唯一既有服务业扩大开放综合试点，又有自贸试验片区的城市。跨国公司地区总部为代表的国际总部和以国内企业集团总部为代表的国内总部构成了北京总部经济资源。北京从制度层面建立了总部经济发展部门联席会议制度，还成立了总部企业协会，培育发展了一批总部经济聚集区。经过多年的发展，总部经济已成为推动北京经济发展的重要力量。截至2021年底，北京市跨国公司地区总部

---

① 数据来源：中国国际友好城市联合会官方网站：http://www.cifca.org.cn，访问日期：2019年10月22日。

② 刘波：《国际交往中心与"一带一路"倡议协同发展的战略措施》，《前线》，2018年第3期。

③ 《人民日报海外版》：《中国—中东欧国家首都市长论坛举办》，http://www.scio.gov.cn/ztk/wh/slxy/31200/document/1493485/1493485.htm，2016年10月11日，访问日期：2021年12月20日。

④ 《北京日报》：《北京已经与53个城市结为了国际友好城市》，http://www.bjwmb.gov.cn/jrrd/yw/t20160330_773773.htm，2016年3月30日，访问日期：2021年12月20日。

累计达201家。①

北京市的对外贸易对象覆盖全球主要国家和地区，其中，中国香港、美国、日本和德国是北京市对外贸易的前四大贸易伙伴；在利用外资领域，北京市利用的外资覆盖合资、合作、独资、外商投资股份制等不同类型的企业，以及覆盖第一、第二和第三产业。从不同领域的发展来看，总体上比较平衡，无论是国际贸易、利用外资、对外直接投资，还是对外经济合作，北京市总体上都位居全国前列。在对外投资方面，北京市积极响应国家号召实施"走出去"战略，鼓励支持市内优秀企业走出去，充分利用境外的市场和资源，从而做大做强。2018年，北京市对外投资规模达到70亿美元，科技、信息、商务、文化等领域投资占比超过50%。② 北京市属企业走出去的步伐不断加快，积极参与肯尼亚蒙内铁路、非洲"万村通"、英国曼彻斯特空港城等一大批重点项目建设，北汽集团南非工业园、北控集团柬埔寨金边经济特区建设进展顺利。

科技创新与新兴经济也是北京外向型经济的重要组成部分。北京是中国科技资源禀赋最突出的城市，也是全球创新创业最活跃的城市之一。北京积极筹划、致力打造"一带一路"上的中关村产业示范区，通过深度融入国际创新体系，建设"一带一路"创新合作网络的重要枢纽。北京引导中关村示范区企业在"一带一路"沿线国家布局，推动40家国内外创新孵化机构共同发起成立"北京'一带一路'国际孵化联合体"，成员涉及15个"一带一路"沿线国家，探索联合孵化、跨境加速的互利共赢新模式，建设一批中外合作、具有鲜明行业特色的"一带一路"北京创新园。③ 发挥中关村品牌带动效应，以技术转移、科技园区和孵化器为重点，以国际会议会展为支撑，加强前沿科技创新合作交流。中关村示范区企业和产业联盟累计发布国际标准307项，带动优势产业

---

① 陈琳：《今年北京已认定跨国公司地区总部15家，全市累计达201家》，《新京报》网站，https://www.bjnews.com.cn/detail/163884842614072.html，2021年12月7日，访问日期：2021年12月20日。

② 中华人民共和国商务部等编《2018年度中国对外直接投资统计公报》，http://fec.mofcom.gov.cn/article/tjsj/tjgb/201910/20191002907954.shtml，2019年12月28日，访问日期：2021年12月20日。

③ 北京市人民政府网：《2017年市政府重点工作情况汇编》， http://zhengwu.beijing.gov.cn/zwzt/ZWZT/CSZL/KJCXZX/t1504109.htm，访问日期：2021年10月20日。

"走出去"取得新成效。

（三）文化领域的国际交往优势与要素

北京拥有深厚的历史文化底蕴，打造传统和当代的北京品牌文化有利于增进友城人民对北京的认识和了解，彰显中华文化和北京独特的地方文化。近年来，北京大力推动海外文化交流项目的机制化和品牌化建设，持续拓展欢乐春节、北京之夜、魅力北京等文化活动的国际知名度和影响力，向世界展现北京古都文化和时代风貌。2002年起，北京在海外举办的"欢乐春节"已连续18年在30多个国家和地区留下足迹。连续13年在芬兰首都赫尔辛基，连续10年在爱沙尼亚首都塔林举办的春节文化庙会，已经发展为当地政府的重要民生工程项目。本土化、市场化的运作方式调动了当地机构和企业参与的积极性，让活动实现可持续发展，也使中国文化实现了落地生根。[1]

北京注重发展文化创意产业和文化贸易，提高文化软实力。2018年，北京市文化贸易实现进出口额60.2亿美元，同比增长17.5%。尤其在动漫游戏、新闻出版、广播影视等领域的文化产品和文化服务贸易保持了较好的发展势头，文化产品与服务市场不断扩大。截至目前，北京市文化产品与服务出口已遍及世界140多个国家和地区。[2]

北京服务"一带一路"建设，通过教育、文化、科技等多个领域的人文交流，促进"一带一路"沿线国家和城市对"一带一路"相关政策、项目的了解。在教育领域，北京市设立了全国首个市级"一带一路"国家人才培养基地，包括北大、清华、外交学院在内的26所在京高校成为"一带一路"国家人才培养基地项目校。北京设立北京文化艺术基金，计划5年投入5亿元，重点支持"一带一路"题材的舞台艺术作品和符合"一带一路"沿线国家外交战略传播交流推广。北京中医药文化的推广和品牌建设是北京服务"一带一路"高质量发展的着力点。配合"一带一路"国际合作高峰论坛，北京中医药大学承办了

---

① 北京市人民政府网：《北京推进国际交往中心建设抓住重大项目"牛鼻子"，展现未来15年发展蓝图》，2020年9月8日，http://wb.beijing.gov.cn/home/ztzl/gjjwzxgnjx/zxdt/202009/t20200930_2104263.html，访问日期：2021年12月20日。

② 张漫子：《北京文化贸易进出口额达60.2亿美元》，新华网，2019年5月29日，http://www.xinhuanet.com/2019-05/29/c_1124558815.htm，访问日期：2021年12月20日。

"感知中医世界行"国际记者中医体验活动，来自阿富汗、毛里求斯等39个国家的42名媒体记者参加了活动，扩大了中医药和中国文化在"一带一路"沿线国家的影响力。[①]

（四）社会领域的国际交往优势与要素

社会组织作为新近的发展力量正在成为北京国际交往中不可忽视的要素。北京目前各类社会组织发展势头强劲：层次等级越来越高、发展速度越来越快、覆盖范围越来越广、对外交往越来越频繁。[②] 截至2021年11月，民政部登记在册的北京市社会组织共有12 858家，从行业来看涉及工商服务、农业与农村发展、科学研究、教育、卫生、文化、体育、生态环境、国际及涉外组织等。北京市社会组织通过开展国际合作与交流、参与国际会议、参加国际性组织等方式积极参与国际事务，为提升北京市的国际地位发挥了独特的作用。在北京本地社会组织走出去的同时，北京也积极吸引国际组织落户。落户北京的国际组织主要包括三种类型：第一类是联合国可持续农业机械化中心总部、亚洲基础设施投资银行总部、国际竹藤组织总部、世界知识产权组织中国办事处、国际移民组织中国代表处等政府间国际组织及代表机构，约有30家；第二类是世界针灸学会联合会、"一带一路"国际科学组织联盟等国际性社会团体组织，约有52家；第三类是国际绿色经济协会总部、国际红十字与红新月运动（ICRC）驻华代表处、世界自然基金会北京办公室、城市气候领导联盟北京代表处等非政府组织及代表机构，约有29家。

北京不断拓宽国际化公共服务领域，打造"类海外"环境。在综合服务上，2020年，包括英语、韩语、日语、德语、法语、俄语、西语、阿语八种语言的北京市政府国际版门户网站上线运行。在教育上，2019年北京市教委发布《北京市国际学校发展三年行动计划（2019—2021年）》，支持各区在"三城一区"引进人才密集地区和海淀区、朝阳区等重点区域，新建11所国际学

---

① 《"感知中医世界行"之走进北京中医药大学——35国主流媒体首次齐聚一堂体验中医药文化魅力，关注中医药国际化进一步发展》，北京中医药大学网站，http://www.bucm.edu.cn/xxxw/37627.htm，2016年12月1日，访问日期：2021年12月20日。

② 牛奔：《国际视野下北京市志愿服务组织国际交流与合作研究》，载刘波主编《北京国际交往中心建设研究专题3》，知识产权出版社，2017，第81页。

校；新增50所接受外国学生资质校，实现全市资质校总数超过330所，覆盖全市16个区；试点外籍人员子女学校审批权限下放至区级教育行政部门。截至2021年9月，北京市已经新布局了23所国际学校，覆盖达到13个区，其中已有10所投入使用。[①] 在医疗上，北京依托北京协和医院、中日友好医院、北京友谊医院等8家国际医疗服务试点医院，探索国际医疗服务医保配套政策。[②] 在社区建设上，朝阳望京、中关村科学城等8个国际人才社区品牌逐步形成。[③] 在语言环境建设上，2021年11月26日，《北京市国际交往语言环境建设条例》获得通过。作为中国首部关于语言环境建设的地方性法规，《条例》为城市语言环境建设依法治理树立了新标杆。2021年3月，北京市委外事工作委员会全体会议审议通过《"迎冬奥 促提升"国际语言环境建设专项行动方案》，通过五个专项行动推动国际语言环境全方位全流程提升。4月，北京市外办、北京广播电视台、北京外国语大学联合开展了"外语标识全民纠错月"活动，向广大市民征集重点公共场所存在的标识错误译法，组织开展核查整改。[④]

二、北京不断提升国际传播能力

北京的外宣工作起步于20世纪90年代初。北京举办亚运会、中国加入世界贸易组织、北京举办2008年夏季奥运会是北京提升国际传播能力的三个里程碑式的事件。

1990年北京亚运会是中国也是北京第一次举办大型综合性国际体育赛事。亚运会向世界传播了自强不息、勇于进取、勤劳智慧的中华民族形象。北京人民为成功举办亚运会付出的努力，以及热情好客的形象给世界留下了深刻印

---

① 杜燕：《北京优化国际学校布局 新增23所学校覆盖13区》，中国新闻网，https://www.chinanews.com.cn/sh/2021/09-16/9567234.shtml，2021年9月16日，访问日期：2021年12月20日。

② 陈琳：《北京在朝阳、海淀等重点地区推动建设国际医院》，《新京报》网站，https://www.bjnews.com.cn/detail/164076422714512.html，2021年12月29日，访问日期：2022年1月10日。

③ 北京市人民政府网：《"北京推进国际交往中心功能建设"新闻发布会》，http://www.beijing.gov.cn/shipin/Interviewlive/329.html，2020年9月27日，访问日期：2021年12月20日。

④ 北京市人民政府网：《奋发2021，北京外事的"20+N"件大事 加快国际交往中心功能建设 让北京更有国际范儿》，http://wb.beijing.gov.cn/home/index/wsjx/202201/t20220129_2603673.html，2022年1月29日，访问日期：2022年1月31日。

象。亚运会后，北京加快了对外宣传的步伐。1993年，北京市成立了北京对外文化交流服务中心，下设《北京月讯》杂志社，作为专门负责北京对外宣传工作的机构。北京建立起一支专业的外宣品制作队伍，负责北京外宣品的开发、策划与编辑制作，先后出版了《北京月讯》《北京月讯商务特刊》《北京——古老而又充满活力的都城》《北京指南》《北京概况》等外宣书刊。这些外宣品主要投放到海外人士集中的宾馆饭店、写字楼、外资机构，以及首都机场等地点，出版量逐年扩大。①1999年，北京市对外宣传工作在中共中央对外宣传办公室的指导下，以向世界展示北京50年来特别是改革开放20年来取得的巨大成就和人民群众良好精神面貌为重点，在新中国成立50周年庆典等重大国事、外事活动中，积极为北京建设现代化国际城市创造了良好的舆论氛围，同时网上外宣开始起步，扩大了北京在海外的知名度。

2001年中国加入世界贸易组织，进一步融入世界经济体系，对外开放的水平迈向新阶段。北京市政府开展了"北京市市民讲英语活动"等一系列提高和改善北京市现代文明都市的形象工作。在中国加入世界贸易组织两周年之际，欧美国家出现了对中国入世成果和履行入世承诺的批评"大合唱"，北京举办了"WTO与中国：北京国际论坛（2003）"，在一系列新闻发布中提升了外宣水平以及危机应对水平。2002年，北京市规划和自然资源委员会提出了"注重城市形象，塑造城市特色"的城市规划方案。

北京对国际传播工作的高度重视与全面开展工作，则是借助了举办2008年夏季奥运会的契机。北京奥运会的对外宣传是庞大的综合系统工程。从申办到成功举办这八年中，北京外宣工作积累了宝贵的经验，形成了一套有效的工作方法。北京市委宣传办负责人曾先后多次强调了北京奥运与外宣工作的紧密联系，认为北京2008年夏季奥运会从申办到举办都给北京市的对外宣传工作留下了宝贵的经验财富。首先，在机构设置上，2004年11月，北京奥运新闻中心成立。2006年12月15日，北京2008年奥运会新闻宣传工作会议明确了要加大内外宣传的工作力度，为成功举办奥运会营造良好的舆论氛围。2007年7月8日，北京奥运会倒计时一周年时，北京奥运会新闻中心一站式服务办公室

---

① 李明霞：《北京外宣书刊——海外人士了解北京的窗口》，《对外大传播》2001年第12期。

成立，各部门联合办公，为全球首创。其次，在工作机制上，北京的国际传播工作与国际惯例接轨。国务院总理签署国务院第477号令，按照国际通用的媒体采访规定改进现有规定；① 筹建注册和非注册新闻中心，拓宽新闻发布渠道；建立健全了从新闻发布、集体采访、媒体专访、微博发布，到媒体联谊活动、咨询沟通、文稿传递等一系列有效的新闻发布方式；并通过国际公关公司，进行舆论监测，面对不同国家进行精细化、个性化的国际公关活动。最后，在宣传策略上，北京努力抓住奥运会的契机，积极利用媒体渠道展示形象，邀请了全球334位知名记者、专栏作家和主流媒体负责人到北京采访，并协调市领导高频次接受媒体记者的采访，反复介绍奥运会对中国在人权发展、全球化等方面的重要性、中国举办奥运会对世界的贡献、中国人的奥运理念。② 奥运会后，北京奥运新闻中心虽然撤销，但北京市政府新闻办公室随即成立了全国第一个媒体服务处，沿用奥运会时"服务媒体就是服务我们自己"的理念，专门为中、外媒体提供信息服务。在举办奥运会之后，北京的国际形象和知名度大大提升，北京增加了外宣办的人员编制，北京的国际传播能力也得到了切实提升。③

党的十八大以来，习近平总书记强调，加强中国国际传播能力建设，北京主动服务国家外交外宣战略，以突出北京功能定位为主线，做好塑造可信可爱可敬中国国际形象的首要窗口，主流传播、主场传播、主力传播、主心传播，是以首都实践构建中国话语体系和叙事体系的总思路。④ 北京基本形成了多主体、多维度、网络状文化传播体系，通过"借嘴说话、借筒传声、借台唱戏"的传播方式持续增强文化传播能力，打造了以新媒体对外传播矩阵为中心、以加强中外媒体组团合作为基础、以做好外媒采访信息配套服务为辅助的媒介传播格局。

---

① 中华人民共和国国务院令第477号：《北京奥运会及其筹备期间外国记者在华采访规定》，http://www.gov.cn/zhengce/content/2008-03/28/content_6478.htm，2008年3月28日，访问日期：2021年2月20日。

② 王惠：《北京奥运，给对外宣传留下永久遗产（其一）》，《对外传播》2013年第8期。

③ 王惠：《北京奥运，给对外宣传留下永久遗产（其三）》，《对外传播》2013年第10期。

④ 徐和建：《构建中国话语体系和叙事体系的北京思考》，《对外传播》，2021年第11期。

第三节　北京国际形象传播的历史方位：
建构城市全球影响力

中国日益走近世界舞台中央和互联网信息技术成为最具变革性的力量构成了当今"百年未有之大变局"的两个基本面向。崛起的中国重新走近世界舞台中央是推动这一变局最重要的动因之一。由于中国在历史、文化、政治信仰和发展道路上与美国等西方国家截然不同的多重差异性，这一变化在数百年来国际关系发展史中更显特殊、复杂而影响深远。[①] 国际格局的变化与国际体系的转型关系发展出一种"跨国机遇结构"（transnational opportunity structure），为包括城市在内的次国家行为体和跨国行为体提供了更多的改变空间。[②] 未来能够对塑造国际体系发挥重大影响的行为体一定是那些能够最有效操纵，以及使机遇和限制条件效用化的行为体。

在这一历史发展的转折时期，北京作为次国家行为体，能在多大程度上影响全球城市体系，为自身及国家开拓更多的发展空间，将取决于北京四个方面的能力：一是作为经济行动者，通过参与改变全球生产过程、跨国公司贸易和国际金融交易而影响全球化进程；二是作为政治行动者，参与全球治理，采取政治决策和行动的能力与意愿；三是作为社会行动者，联合其他社会行为体实施共同行动的动员或协调能力，四是作为文化观念的行动者，设置国际议程和塑造城市声誉的能力。

北京在经济、政治、文化和社会这四个方面的多维表现和复合性能力构成其全球影响力作用的基础：一是结构性影响力，通过制定相关规则和机制使其他国际行为体按照特定规则行动的能力；二是关系性影响力，通过资本、物资、财产、技术、人员的跨国交换与流动，与其他国际行为体进行联结并施

---

① 傅莹：《把握变局、做好自己，迎接新的全球时代》，《世界知识》2019年第19期。

② Joel Krieger and Craig Murphy, "Transnational Opportunity Stuctures and the Evolving Roles of Movements for Women, Human Rights, Labor, Development, and the Environment: A Proposal for Reserch," Department of Plolitical Science, Wellesley College, 1998.

加影响的能力;[①] 三是塑造性影响力,通过信息与观念的传播,影响国际行为体的认知、观念与行为偏好,并进一步强化城市的结构性影响力和关系性影响力。[②]

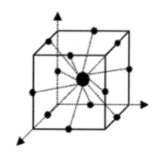

图4-2 北京全球影响力示意图

资料来源:作者整理。

关系性影响力的作用逻辑是联结支点,将北京与其他城市通过各个方面的要素联系起来,并逐渐由"线"成"网"。塑造性影响力的作用逻辑是塑造城市独特而强大的国际身份与国际形象,通过各个方面的手段将城市以丰富和具体的形象向世界进行推广,并形成扩散效应,形成城市国际影响力的"面"。在关系性和塑造性影响力的基础上,全球城市通过制定规则和搭建机制来实现结构性影响力,在这个由全球城市搭建的结构中,其他城市和国际关系行为体围绕全球城市并依据规则行动,形成全球城市影响力的"体"。同四个维度的表现要素一样,三个全球城市影响力是相互作用、不可分割的,但结构性影响力更注重规则和秩序等方面,并需要一定的关系性影响力和塑造性影响力的基础,所以位于影响力作用逻辑的最顶端。

作为中国特色社会主义大国的首都,新时期北京国际形象传播需要重新审视自身的国际身份与历史坐标,要通过塑造、传播北京的国际城市形象,展现"中国特色、中国气派、中国风格",投射与建构北京的全球影响力,提升北京在全球城市体系中的地位,增强实现中华民族伟大复兴的精神力量。北京要

---

① 苏珊·斯特兰奇:《国家与市场》,杨宇光译,上海人民出版社,2002,第20—21页。

② Susan Strange, "The Persistent Myth of Lost Hegemony," *International Organization*, 41, no. 4 (1987): 551-574.

力争从全球城市体系的参与者、贡献者转变为领导者，这不仅是为了自身的发展，而且是为全球城市的共同发展与繁荣，更是为发展中国家的新兴城市发出中国声音和北京声音。

第 五 章

互联网"共现空间"与北京国际
形象的网络传播结构

城市的兴起与发展是一种传播机制。从广义上讲,传播不一定需要城市,但城市不能没有传播。城市本身就存在于迁徙的流动、散居和交换网络中,传播与城市是同在与互构的。借用帕克的话说,城市是在传播中存在的,是创造它并在其间生活的居民构成的共同体。

如前文所述,城市形象起源于人与城市的"相遇"。人们在城市特定物理空间内对城市自然景观和人文景观的感知与体验,以及对城市社会文化生活的参与与实践,构成了一个平行于城市现实物理空间,又与现实空间相互交融、影响,存在于人们头脑中的"内在城市"。大众传播媒体的出现打破了物理空间的界限,通过文字、图片、影像等符号体系建构的信息空间,对现实空间进行复制、模拟与再现,影响处于同一时空或者不同时空之下人们头脑中的城市图景,并通过改变人们的社会感知和构建社会生活的方式,带来了城市空间的生产与再生产。而互联网信息技术凭借其"连接一切"的本质特征,对信息和人的社会关系进行了遍在性连接,构成了流动空间、共现空间和"第三空间",影响了城市的"地方"特性,不可避免地重构了城市国际形象传播的逻辑。

第一节　传统国际传播格局下的北京国际形象

如本书第二章所述，在媒介化的信息社会中，人们对城市形象的认识往往基于大众媒体的新闻报道，城市形象成为媒介形象。以北京为例。北京城市形象国际传播的前期研究发现，国外受众将其所在国的主流媒体和国际知名媒体作为获取有关北京信息的主要媒体渠道，中国传统外宣媒体的作用较为边缘化。即使他们来北京后，国际主流媒体仍然是他们选择的主要媒体渠道。[①]

这意味着，国际公众所能接触到的北京媒体形象并不是"以我为主"来定义和阐释的，而是在国外媒体，尤其是在西方主流媒体的报道中被建构和传播的。对绝大多数没有来过北京的国际公众来说，国际媒体是他们认识和评价北京的重要信息渠道和参考依据，影响了他们头脑中关于北京的图像。

历史上，少数西方国家凭借先发优势把持了世界新闻的采集、加工、传播和分发环节，并且将这一优势延续至今。国际传播秩序的建立直接体现为大国权力博弈和话语争夺，即一个国家按照自己的价值、运用自己的力量，极大地影响、改变乃至塑造世界秩序。16世纪的葡萄牙，17世纪的荷兰，18世纪的法国，19世纪的英国都曾担任这一角色。一战以后，以英国为核心的帝国传播秩序仍在维系，但随着世界政治经济格局的变化，美国巩固了全球经济强国的地位，逐渐提升国际话语权。[②]美国在二战后真正成为国际传播新秩序的缔造者。美国发展出实力雄厚的传媒集团，为其建立战后国际传播秩序提供了技术范式和规则支撑。美国在国内强调媒体自由与社会责任的统一，以维持本国传播秩序的平衡，但在国际传播领域却仅仅强调自由，避而不谈美国对国际传播秩序应尽的责任，以系统方式强化和扩大对其他国家的经济、政治和文化的控制，在全球范围内进一步加剧、巩固了以美国为首的发达资本主义国家与发展中国家之间的支配服从或者依附关系。

[①] 赵永华、李璐：《北京城市形象国际传播中受众的媒体选择与使用行为研究——基于英语受众的调查分析》，《对外传播》2015年第1期；杨凯：《城市形象对外传播的新思路——基于外国人对广州城市印象及媒介使用习惯调查》，《南京社会科学》2010年第7期。

[②] 刘笑盈：《国际新闻史》，中国广播电视出版社，2018，第50—88页，第226—234页。

因此，国际传播格局与国际政治和经济格局是同构的，也呈现"中间—边缘"模式。在这一国际传播秩序下，不但发展中国家在西方国家媒体上被刻画为贫穷、落后和等待西方救赎的失败者，发展中国家的城市也呈现出了不均衡的形象：一些处于新闻传播秩序边缘的发展中国家的城市是"不可见"的；而出现在西方媒体报道中的城市往往又是被西方媒体的报道框架所框定的。

以《纽约时报》中所呈现出的北京形象为例。以"Beijing"为关键词，在律商联讯（LexisNexis Academic）数据库中搜索《纽约时报》从2006年到2015年这十年所有提及"Beijing"一词的报道，每年随机抽取2个构造周，排除广告、新闻索引等文章，共得到有效报道442篇。这些报道可以分成两种基本类型：第一类是以北京发生的事件为主要报道对象；第二类是仅在报道其他新闻事件时提及了"Beijing"一词。因2个构造周中属于第一类报道的样本量较少，又逐年补充抽取了2个构造周，共得到10年40个构造周的有效样本73篇，以新闻版面、体裁、篇幅、消息来源、新闻主题、引语、立场偏向等指标进行编码。

第二类报道以新闻版面、提及原因和提及次数三个指标进行编码。通过以上内容分析，我们得到以下的结论，在《纽约时报》中：

第一，北京的提及率逐年上升，2008年奥运会带来北京的高曝光度。同亚洲的另外一个世界级城市东京做对比，从2006年到2015年这十年间，Tokyo（东京）和Beijing这两个词在《纽约时报》中的提及率如图5-1所示。2008年北京奥运会期间，《纽约时报》对北京的关注达到了高峰，跟Beijing Olympic Games（北京奥运会）直接相关的报道达到了499篇，2008年之后虽然报道量有所回落，但也维系在较高的水平上，说明北京在国际媒体中具有较高的存在感。

第二，北京是代表中国和中国政府的政治符号。在442篇报道中，有391篇、88%的新闻报道仅是在报道其他新闻事件时提及"Beijing"一词，北京在这类报道中的出现频率一般为1—2次/篇。提及原因是：47%的新闻报道中国/中国政府在国内外重大事件中的立场、态度、决策和行动时，以Beijing指代中国/中国政府；17%的新闻因为在报道中提到了"北京奥运会"；13%的新闻报道中提到跟北京相关的文化活动。相比之下，《纽约时报》以东京指代日本政府的情况不多见，一般集中于东京本地发生的文化、社会等新闻事件的报道。可见，北京在《纽约时报》中的典型形象是代表中国或中国政府的政治符号。

图5-1　2006—2015年Tokyo和Beijing在《纽约时报》中的提及率
资料来源：作者整理。

第三，对北京的报道多集中于政治领域，多选择负面题材。在报道议题上主要集中于政治领域，占总量的56%，其次是文化议题（23%）和社会议题（13%），以及经济议题（7%），对二级议题的分析发现报道多涉及负面题材。以政治议题的负面报道较多。

在消息来源上，《纽约时报》样本报道中的消息来源多样，涉及国内外政府官员、专家学者、工商界人士、媒体记者、非政府组织（NGO）和普通民众等，信源分布具有广泛性和全面性，中国国内信源的引用比例高于国外信源（69%），中国政府官员和专家学者是被引用频率最高的信源。在冲突性事件上，《纽约时报》一般会引用多方信源，进行平衡报道。

第四，对北京的深度报道多采用冲突框架。以北京为主的报道中，1000字以上的深度报道约占40%。在新闻叙事上，《纽约时报》通过对新闻事件及核心情节、历史、背景、观点的选择和重组，来描述和解释北京"正在发生什么"，以及这些事件是如何与其他社会事件、与更深层次的社会心理、与宏观的政治权力结构相联系的。这类报道多采用冲突框架，即强调个人、群体机构或国家间的冲突，占到深度报道的53%。只有23%的议题采用了将一个话题或问题产生或解决方法的责任归咎于政府、个人或群体的责任框架。其中，13%的议题以新闻事件将带给个人、群体、机构、宗教或国家"投入—产出"影响的经济结果框架，10%的议题以个人故事或感性角度来报道事件、话题的人情味框架。[①]

最多被采用的冲突框架不仅用于对北京社会治理、涉及人权和宗教问题上的报道，即使是文化主题方面的报道也会被置于政治权力"冲突—控制"的框架下。在社会和体育议题的深度报道上，也多采用冲突框架。冲突框架下的新闻报道倾向性多是负面的。

第五，夏季奥运会作为重大和典型的"媒介事件"，增加了北京城市形象的多元性。因为北京奥运会的召开，2008年《纽约时报》以北京作为报道对象的新闻数量比2006年和2007年增加了近两倍。这些报道从较为多元化的视角展现，既报道北京市民的高度热情参与，奥运会筹备、组织和服务水平的高效；也报道受空气质量困扰的奥运会等各种负面情况，并通过奥运会这条主线细致而深入地报道了北京古代和现代城市建筑、饮食文化、艺术活动，等等。尤其是对北京市普通市民生活的5篇报道，展现了北京的社会风貌和风土人情，对的士司机的热情等细节进行了描述。这些报道所呈现的北京是一个复杂、多元、立体的城市形象，构建了北京的"富形象"（Rich Image）。虽然奥运会结束后，《纽约时报》对北京为主的报道量有所回落，但是the Olympic/Olympics/the game等词是这十年中和Beijing一起出现的频率最高的词组之一。

对所有以北京为报道对象的新闻进行关键词分析，并进行可视化技术处理（见图5–2）。

---

① Claes H. de Vreese, "News framing: Theory and Typology," *Information Design Journal & Document Design* 13, no. 1, (2005): 51–62.

图5-2 以北京为报道对象的新闻关键词

资料来源：作者整理。

综合来看，《纽约时报》所呈现的北京城市形象较为单一且负面，政治色彩较浓；作为中国/中国政府的指代语，北京总是同中国参与的国际事件和国内发生的重大事件联系在一起，无论是正面还是负面，这意味着，北京的国际形象不仅是由北京城市本身的情况决定的，更大程度上是由中国复杂的国情决定的。这种现状显然不利于北京形象的国际传播。因为当大众媒体将城市同某一类事件联系在一起时，容易形成城市形象的刻板化，造成只有当某一类事件发生时，城市才会得到关注和报道，即使跟城市关联的某类负面情况有所改变，媒体因报道模式的"惯性"，也难以及时反映这种变化。①

第二节 互联网"共现空间"下的北京国际形象

社交媒体所具有的"所有人向所有人传播"及"圈层化"传播特性② 导致城市形象的传播主体出现了去中心化、多元化趋势，除了城市管理部门，游客、职业博客主、旅游记者等个体也成为城市品牌的联合生产者。埃菲·塞文

① Eli Avraham, "Cities and Their News Media Images," *Cities 17*, no. 5 (2000): 363-370.

② 喻国明：《技术革命下的未来传播与发展关键》，《媒体融合新观察》2020年第12期。

等学者认为，传统上通过受众调查或依据特定指标对城市品牌进行排名的评估方法不能完整地界定、展示城市品牌，城市品牌应该是城市的利益相关者对城市的认知及其互动关系的总和。[①] 本节采用这一研究视角，基于文本内容分析和社会网络分析方法考察了推特平台所呈现的北京国际形象及其传播模式。本研究的数据采集主要利用推特平台的高级搜索功能，通过Python数据爬取技术，以"Beijing"为关键词采集自2019年1月1日至12月31日的相关推特数据。剔除"我有一个北京朋友""北京时间"等无实际意义信息、广告及非英语文本信息后，共获得79 703条推特，包含：推特账户名称、发推时间、推文文本、转发关系、转发数与点赞数。基于对以上数据的分析，本研究主要发现如下：

以《费加罗报》《泰晤士报》《纽约时报》等国际知名媒体为个案的研究以及对美国、英国、澳大利亚、加拿大、新加坡、马来西亚、印度七国18家主流媒体新闻报道的研究显示：在传统媒体新闻报道中，北京是代表中国的政治符号，北京的国际形象较为单一；国际主流媒体报道中国/中国政府在国内外重大事件中的立场、态度、决策和行动时，多以"Beijing"指代中国；国际媒体还倾向于以冲突性的负面框架报道北京本地的经济、社会、文化和环境议题。[②] 在推特平台上，北京的典型形象依然是政治符号。以北京指代中国的推文信息，占到了总推文的55.7%；有21.7%的推文展现了北京的国际交往中心地位，如北京2019年4月举办第二届"一带一路"国际合作高峰论坛、2019年4月29日至2019年10月7日举办的世界园艺博览会等推文。北京作为国际交往中心的政治交往属性尤为凸显，远大于经济交往、文化交往、科技交往等属性。

但是，与国际主流媒体报道相比，推特平台上所呈现的北京文化形象更为

---

① Sevin, H. E, "Understanding Cities through City Brands: City Branding as a Social and Semantic Network," *Cities* 38 (2014): 47-56.

② 参见曹永荣、杜婧琪、王思雨：《法国媒体中的北京形象：基于《费加罗报》2000—2015年的框架分析》，《西安外国语大学学报》2018年第6期；王宁、张璐，曹斐《英国媒体中的北京形象：基于〈泰晤士报〉2000—2015年的框架分析》，《西安外国语大学学报》2017年第4期；欧亚、熊炜：《从〈纽约时报〉看北京城市形象的国际传播》，《对外传播》2016年第6期。喻国明、胡杨涓：《外媒话语构造中北京形象的传播常模（上）》，《对外传播》2016年第10期。

丰富、多元和立体。这类推文约占总推文的31.2%，按照关注度排序主要集中于以下方面。第一类是北京传统文化和现代文化的交融，最受关注的话题，如北京前往庙宇烧香祈福等传统春节习俗；北京故宫推出7款数字产品，利用先进的数字技术为线上观众提供沉浸式的观展体验；于中法文化年举办的、历史上规模最大的"毕加索——一位天才的诞生"画展；等等，这些推文展现了北京丰富多彩的文化活动。第二类是北京的文化景观，如长城、故宫和天坛，与这类推文相关的关键词是积极的，如sublime（壮美）、excited（激动人心的）、amazing（不可思议的）。第三类是体育类话题，典型的如林书豪加盟北京首钢俱乐部引发了热议，也带来了推特网友对中国篮球联赛（CBA）的更多关注。第四类是北京本地美食，如烤鸭、铜火锅、炸酱面等北京特色菜品和传统小吃。这类推文的发布者主要是国际游客。

与北京社会治理、环境和经济议题相关的推文所占比重均较低，分别为8.6%、8.2%和5.6%。其中，社会治理和环境议题多以负面为主。有关北京社会治理的推文主要是国外媒体推特账号所发的新闻报道，如北京市为解决公租房违法转租而安装人脸识别系统这一措施被解读为"社会监控"和"高压政策"；涉及北京环境的推文则多是在京外籍人士所发，主要对北京空气质量尤其是在秋冬时节描述亲身感受，多使用smog（雾霾）、haze（霾）、alert（戒备）、unlivable（不宜居的）等词语；还有外媒将"北京"用作"糟糕的空气质量"的代名词，如法新社（@AFP news）报道2019年澳大利亚山火时写道"持续不断的山火燃烧，导致悉尼市的空气状况如北京一样糟糕"。经济议题则较为中立，中国及北京经济发展成就和在京企业的财经消息都是较受关注的议题，如瑞幸咖啡完成B轮融资、特斯拉公司Model 3型汽车率先在北京地区交付等话题。

总体来看，北京在推特平台上仍然打上了代表中国/中国政府的政治符号标识，突出了国际政治交往中心的地位，但与国际新闻媒体所呈现的北京形象相比，北京在推特平台上的文化形象更为丰富、立体。

第三节 去中心化—再中心化的圈层式传播结构

以文本分析和挖掘软件（Wordstat 8.0）对推文文本进行关键词和主题聚类分析，结合议题的转发量和点赞量，筛选出2019年10个与北京有关的热点话题：（1）新中国成立70周年庆典活动；（2）北京整治"男士比基尼"不文明行为；（3）第二届"一带一路"国际合作高峰论坛；（4）第18届国际篮联篮球世界杯；（5）大兴机场的建设与通航情况；（6）北京至张家口高铁通车；（7）国航取消至夏威夷航班；（8）北京世界园艺博览会；（9）沙特王储访华；（10）小米邀请国外用户参观北京总部。

选取每个话题下转发量排名前50的账号，去重后共获得452个节点，通过每两个节点的"共现"构建网络关系矩阵，参见表5-1。将矩阵导入Gephi软件，得到网络关系密度与度数分布数据。

表5-1 北京十大热点话题传播节点的关系矩阵

ID	China Xinhua News	CGTN Official	People's Daily	CNN	China Daily	China Plus News	AFP news agency	Xiaomi	Zhao Lijian 赵立坚	Hua Chunying 华春莹
China Xinhua News		6	5	1	4	6	2	3	3	4
CGTN Official	6		4	1	5	4	2	2	3	2
People's Daily	5	4			3	4		3	2	2
CNN	1	1					1	2		
China Daily	4	5	3			3		4		2
China Plus News	6	4	4		3		3		2	
AFP news agency	2	2		1		3				
Xiaomi	3	2	3	2	4					3
Lijian Zhao 赵立坚	3	3	2			2				
Hua Chunying 华春莹	4	2	2		2			3		

资料来源：作者整理。

由上述数据分析可以看出：

第一，基于10个热点议题的传播网络密度为0.018，节点数量与度值之间基本符合幂律分布。在网络节点构成的3568条边中，权重为1的有1824条（占比51.12%），介于2和4之间的有1708条（占比47.8%），大于5的有34条（占比1%）。这显示，这一传播网络互动性低，结构较为零散，节点间的联系不够紧密，整个网络的信息传播是由少数超级节点支撑起来的，若干个超级节点拥有了多数连接关系，而大部分节点之间的连接关系较少。

第二，在这一传播网络中，传统新闻媒体的推特账号主导了有关北京英文信息的生产与传播，并形成了两大圈层：一个是我国主流媒体推特账号，以新华社（@China Xinhua News）、中国国际电视台（@CGTN Official）、《中国日报》（@ China Daily）、《环球时报》（@Global Times）为核心的国家媒体传播圈层；另一个是以彭博社（@Bloomberg）、英国广播公司（@BBC Asia）、美国有线电视新闻网（@CNN）、路透社（@Reuters）、法新社（@AFP News Agency）为核心的外国媒体传播圈层。以计算节点到图中所有节点距离和的接近中心性（Closeness Centrality）指标来评估，中国国家通讯社新华社（0.276）、环球时报（0.253）、中国日报（0.251）、中国国际电视台（0.207）的接近中心性与国际媒体BBC Asia（0.274）、法新社（0.264）、路透社（0.256）、彭博社（0.255）差距不大，这显示中外媒体都是有关北京信息的"生产者"，信息传播速度和效率都较高。但是，以节点在多大程度上能够成为节点之间信息流动通路的中介中心性（Betweenness Centrality）来评估，媒体的中介中心性排名是彭博社（1170）、BBC Asia（1116）、《中国日报》（543）、美国有线电视新闻网（530）、中国国际电视台（516）、路透社（458）、法新社（405），这显示国际媒体能够起到连接不同节点、不同群体的"桥梁"作用，通过推动信息在不同群体中的流动彰显其影响力。这意味着中国官方账号发布的信息更多的是在特定群体内进行的"圈内传播"，而看北京（@Visit Beijing）、《北京周刊》（@Beijing Review）、北京故事（@Stories of Beijing）等北京本地官方账号未成为10大热点议题传播的关键节点。

第三，非新闻媒体账号中，华为公司、小米公司（@Xiaomi）等企业账号以及社会精英人士在特定议题上成为信息传播的关键节点。例如，华为公司发起的在京学生文化交流活动、小米公司在京发布最新款旗舰手机、美国建筑师扎哈·哈迪德（@Zaha Hadid）发布的有关北京大兴机场建筑风格的推文，都引发了广泛的关注和转发。中国外交官华春莹（@Hua Chunying 华春莹）、赵立坚（@Zhao Lijian赵立坚）等个人账号在特定议题上的影响力也较大，如两位外交官转发和评论的有关北京大兴机场、北京世界园艺博览会、"一带一路"倡议和国庆70周年等话题。

上文的数据分析显示，互联网为北京国际形象的建构与传播提供了一个"共在"的"流动空间"。① 在传统新闻媒体所构成的"西强我弱"国际传播格局下，北京相关信息接触国际目标受众存在"最后一公里"难题。② 相形之下，北京在推特平台上更为丰富、多元、立体的文化形象则是对"所有人""可见的"，这的确为北京提升国际形象及国际影响力提供了机遇。问题在于如何加强中国及北京相关账号的国际传播能力，通过"破圈化"传播切实提升信息传播成效，展现北京现代化、高科技，具有创新性、包容性、安全感的国际大都市形象。在这一方面，北京本地官方账号还有非常大的提升空间。

此外，尽管社交媒体平台以用户生成内容（UGC）为特征，但就本文研究样本的数据分析显示，普通用户如游客、旅居北京的外籍人士在整体传播网络上所占的比重是微乎其微的，他们的推文主要是关于北京空气质量、美食等个人有直接体验的生活类话题；而中外社会精英人士、专业人士，以及科技企业可能会作为关键节点发挥重要作用。推特网络传播出现了再中心化的情况。③ 网络科学的既有研究显示，信息传播仅需触发在网络中占据关键位置的重要节点即可产生信息传播的最大化，也意味着影响力的最大化。④ 如何进一步确定这些关键点，并通过与这些节点构建在线社会网络关系，通过这些关键节点来传播北京国际形象将在第七章进一步讨论。

---

① 曼纽尔·卡斯特：《网络社会的崛起》，王志弘等译，社会科学文献出版社，2001，第468页。

② 欧亚：《奥运会对城市国际形象的塑造和传播》，载黄友义等《奥运城市形象与国际化》，《公共外交季刊》2015年第1期。

③ 李彪、郑满宁：《从话语平权到话语再集权：社会热点事件的微博传播机制研究》，《国际新闻界》2013年第7期。

④ 许小可等：《社交网络上的计算传播学》，高等教育出版社，2015，第304页。

第 六 章

互联网"第三空间"与北京国际
形象的传播模式

互联网信息技术的演进带来了传播模式的创新。就北京国际形象传播而言，理论模式与现实实践之间仍具有一定的差距。本章在解读互联网"第三空间"概念的基础上，基于北京国际形象传播的实际情况，分析了北京国际形象传播模式目前存在的问题，并讨论了信息传播技术对北京国际形象传播带来的可能性及挑战。

在继承（抑或"误读"）了法国社会学家亨利·列斐伏尔对空间生产三维辩证法理论的基础上，美国后现代地理学家爱德华·W. 苏贾（Edward W. Soja）提出了"第三空间"概念。① 他认为，"这个空间故事以这样一种认识开场，这就是主流空间或地理想象，至少在过去的世纪里，首先是周旋于空间思考的一种二元模式，其中一种是我曾经称之为的'第一空间'视野和认识论模式，关注的主要是空间形式具象的物质性，可由经验描述的事物。其次，作为'第二空间'，是在空间的观念之中构思而成，缘起精神或认知形式中人类

---

① 克里斯蒂安·施密特：《迈向三维辩证法——列斐伏尔的空间生产理论》，《国际城市规划》2021年第3期。

空间性深思熟虑的再表征。这多多少少巧合了列斐伏尔的感知和构思空间，前者经常被认为是'真实的'，后者则是'想象的'。[①]第一空间是作为经验或感知的空间，第二空间是表征的空间，苏贾以第三空间来指称一个综合的、活的再现空间，将其看作一个所有空间都可以从中同时"被领会、理解并被转变的场所"。[②]

苏贾以第三空间的概念概括1960年以来无法用福特主义城市空间理论解释的后大都市化进程：福特制资本主义的城市体现的是"地方和疆域文化的最高点"，但后大都市的外缘模糊，边界不断延伸，内部城区或被荒废或被符号化为"纪念物"或被改建为适应某种新审美和奢华生活方式的城区，形成新的虚拟社区，呈现出"同时性且互相影响的非疆域化与再疆域化"的、更为弹性的再中心化过程。[③]尽管苏贾是在列斐伏尔"差异性"空间理论的基础上，以"历史—社会—空间"或"空间—知识—权力"三维辩证法提出"第三空间"概念以分析资本主义生产关系的演变，及剖析阶级、种族、性别等问题与社会生活关系的空间正义实践问题，[④]他所关注的是特定城市空间在投资、工业生产、集体消费和社会斗争等叠加影响之下所发生的演化，批判技术理性对城市规划的破坏性，试图建构后现代的城市批判学，但"空间生产"及"第三空间"概念的提出对于理解信息传播技术迭代条件下城市形象的传播也具有启发意义。

第三空间超越传统二元论的物质和精神空间，也在"范域、实质和意义上超越了这两种空间"，[⑤]它不是第一空间和第二空间的简单叠加，而是无限开放的，既包容二者、又超越二者，同时是真实的又是想象的、亦此亦彼的空间。在第三空间里，主体性与客体性、抽象与具象、可知与不可知、重复与差异、精神与肉体、意识与无意识汇聚在一起。[⑥]互联网对人—物—信息的遍在

---

① 爱德华·W.苏贾：《第三空间》，陆扬等译，上海教育出版社，2005，第12—13页。

② 克里斯蒂安·施密特：《迈向三维辩证法——列斐伏尔的空间生产理论》，《国际城市规划》2021年第3期。

③ 爱德华·W.苏贾：《后大都市》，李钧等译，上海教育出版社，2006，第194—197页。

④ 唐正东：《苏贾的"第三空间"理论：一种批判性的解读》，《南京社会科学》2016年第1期。

⑤ 爱德华·W.苏贾：《第三空间》，陆扬等译，上海教育出版社，2006，第13页。

⑥ 陆扬：《析索亚"第三空间"理论》，《天津社会科学》2005年第2期。

性与广泛性连接，构造了真正意义上、超越虚实的“第三空间”：基于第五代移动通信技术（5G）和物联网基础设施，人工智能驱动的信息渠道、虚拟和增强现实，以及算法决策将万物映射为数据，射频识别、红外感应器、全球定位系统、激光扫描器等信息传感设备与互联网结合，进行信息交换和通信，进一步融合信息系统、物理系统和整个社会系统，构成人、机器、信息为一体的有机数字生态系统。

互联网“第三空间”视域下，对城市管理部门而言，城市国际形象传播在现实和可预见的未来呈现出三种典型的传播模式：对话模式、场景传播模式与计算传播模式。

第一节　对话模式

对话是构建关系的根本方法。城市通过大众媒体进行的信息传播，是单向性、反馈滞后、不对称和公众“不在场”的交流模式。因此，在传统媒体时代，当强调城市—公众之间的对话时，往往更多的是表达一种立场、倾向而不是一个特定的方法、技术或形式。[①]互联网信息传播技术不仅从立场和倾向，也从特定的方法和形式上为达成对话提供了技术条件。

一、对话模式的定义与特征

J. 马丁·布伯（J. Martin Buber）、汉斯-格奥尔格·伽达默尔（Hans-Georg Gadamer）、米哈伊尔·巴赫金（Mikhail Bakhtin）等哲学家就对话双方的互为主体，对话的平等、相互尊重、公开、互动、参与和开放原则、对话目的是促进理解等问题进行过阐述。[②]哈贝马斯也指出，只有实现主体之间的平等对话关系，通过可理解的、真实的、正当的、真诚的原则建立交往理性，对话才能

---

① Carl Botan, "Ethics In Strategic Communication Campaigns: The Case for a New Approach to Public Relations," *Journal of Business Communication 34, no. 2* (1997): 188–202.

② J. Martin Buber, *I and Thou* (New York: Simon & Schuster, 1970), p. 53；吴先伍:《从“独白”走向“对话”——伽达默尔对现代性的一种批评与超越》,《天津社会科学》2008年第1期。

实现从工具理性向价值理性的升华。①

公共关系学者詹姆斯·E. 克鲁尼格（James E. Grunig）和托德·T. 亨特（Told T. Hunt）将对话视角引入公共关系研究，提出了新闻代理/宣传、公共信息、双向不对等交流、双向对等交流等四种公共关系的传播模式，认为"组织机构需要建立结构性系统、过程和规则才可以实现双向对等性公共关系"。②

公共关系学者肯特（Michael L. Kent）和泰勒（Maureen Taylor）以对话循环、信息的有用性、回访、界面的舒适性、用户挽留五原则对万维网如何实现在主体与受众之间的对话关系进行了研究。随着互联网技术的发展，社交媒体允许公众以一种有吸引的互动形式创建和分享任何信息，通过关注合适的人和信源，能够创建提供有价值信息的个性化信息流。肯特和泰勒进一步发展了对话理论，提出了相互性（mutuality）、接近性（propinquity）、共情（empathy）、风险（risk）、承诺（commitment）等五个对话的基本要素，真正的对话则处于五要素的交汇处（参见图6-1）。

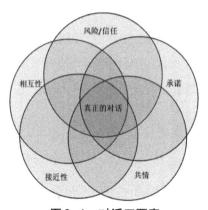

图6-1　对话五要素

资料来源：Michael L. Kent, "Principles of Dialogue and the History of Dialogue Theory in Public Relations," in *Prospect of Public Relations Science,* ed. X Chen. (Beijing: Peking University Press, 2017): 105-129。

---

① Gardiner M E, "Wild Publics and Grotesque Symposiums: Habermas and Bakhtin on Dialogue, Everyday Life and the Public Sphere,"*Sociological Review* 14 (2004): 28-48.

② J. E. Grunig & T. Hunt, *Managing Public Relations* (New York: Holt Reinhart and Winston, 1984).

具体来看：（1）相互性指的是组织与公众之间合作、互相平等的关系。双方交流要有利于促进合作性环境的生成，虽然对话参与者的身份、地位可能存在差异，但对话参与者需要保持相互平等，自由讨论话题，不会受嘲讽或轻视，地位高的一方要避免使用特权引导对话的发展方向。（2）接近性是组织与公众互动的及时和自发。对话的接近性意味着在事关公众利益的事件上，公众获得充分的尊重：组织机构在影响公众的重大关切上征求他们的意见，对他们的疑问与建议及时作出反馈；而公众愿意并能够向组织表达自己的要求。（3）共情是通过换位思考，形成支持和信任的氛围。共情性包括创造鼓励参与的氛围的支持性、对话参与者具有共同合作的共同倾向，以及承认他人的观点价值认可。（4）风险是因为对话参与者因为所持立场和利益的不同，对话有可能产生不可预测和危险的结果。对话存在的风险性意味着组织需要接受对话者的独特性和个性，也要避免使用脚本化的对话来操控他人。（5）承诺是对话双方要保持真诚，表明各自的立场，愿意通过对话搁置分歧，建立共同认知，实现共赢。[①]

有研究显示，尽管社交媒体具有触及大量用户、低廉的成本、快速得到反馈的优势，但在城市的形象传播中，城市管理部门还需要有效的传播策略来真正发挥社交媒体的作用，[②]促进城市与目标公众的对话与沟通。

二、北京与东京城市形象对话模式的对比研究

结合对话五要素，以推特平台为例考察互联网空间下城市形象传播的现状。北京和东京均已在推特平台上建立了城市新媒体传播矩阵。仅以两个城市组织机构的推特账号为例，北京开设推特账号的机构主要以北京市文化旅游管理部门以及文化机构为主，主要目的是塑造旅游目的地形象（见表6-1）。

[①]　Michael L. Kent &Maureen Taylor, "Toward a Dialogic Theory of Public Relations,"*Public relations review* 28, no. 1 (2002): 21-37.

[②]　Niyazi Gümüş, "Usage of Social Media in City Marketing: A Research on 30 Metropolitan Municipalities in Turkey," *Emerging Markets Journal* 6, no. 2 (2017): 30-37.

表6-1　北京市组织机构的推特账号

账号	账号主体	简介
@Visit Beijing	北京市文化和旅游局	塑造品牌旅游目的地
@Discover Beijing	北京市宣传部门	传播北京国际形象
@Beijing 2022	北京市2022年冬奥会组委会	负责北京冬奥会的外宣工作
@Beijing Wtown	古北水镇	发布古北水镇旅游的旅游信息
@Beijing Capital International Airport	北京首都国际机场	提供机场航班、天气及旅客服务信息
@The Forbidden City	故宫	发布故宫的美景、文化活动信息
@ Stories Of Beijing	北京月讯杂志社	讲述北京故事，传播北京声音
@ Beijing Guoan FC	北京足球俱乐部	发布北京国安足球队的日常动态

资料来源：作者整理。

　　而东京组织机构的账号则呈"网络状"分布，涉及电子政务、城市文化旅游等诸多领域，兼顾城市治理和信息传播两个维度，强调社交账户的信息服务功能，如城市博物馆发布文化活动的日常安排、水务部门发布城市停水通知等。此外，东京都政府部门授权第三方组织或同第三方组织合作进行东京城市文旅活动的传播推广，机制上更为灵活（见表6-2）。

表6-2　东京都组织机构的推特账号

账号	账号主体	简介
@Tokyo Gov	东京都政府	发布东京新闻、政策、社会等城市信息
@Tokyo2020	东京市2020年奥运会组委会	负责东京夏季奥运会国际传播
@東京都オリンピック・パラリンピック準備局	东京都政府奥运筹办局	协助进行东京夏季奥运会国际传播
@東京都水道局	东京都政府水务局	以发布城市水务政策、服务信息为主
@東京都港湾局	东京都政府港务局	以发布城市港口政策、服务信息为主
@東京消防庁	东京都政府消防厅	发布城市消防等相关信息
@東京都庁広報課	东京都政府信息宣传科	发布城市新闻、政策等城市动态
@GO TOKYO	东京都政府与东京观光财团共建	城市旅游推介、发展会展经济

续表

账号	账号主体	简介
@Tokyo Arts & Culture	东京都政府文化推广部门	推广东京文化与旅游信息
@東京芸術劇場	东京云艺剧场	以提供剧场文化活动信息为主
@TOKYO METROPOLITAN ART MUSEUM	东京美术馆	以提供展馆文化活动信息为主
@東京文化会館	东京文化会馆	以提供展馆文化活动信息为主
@東京都交響楽団	东京都政府与公益组织共同运营的音乐团	以发布乐团演出的日程安排为主
@東京都美術館	东京美术馆	以发布美术馆的文化活动信息为主
@国立新美術館	东京国际新美术馆	以发布美术馆的文化活动信息为主
@Tokyo Weekender	媒体	为东京市民提供东京市的社会生活与生活方式等信息服务
@MetropolisTokyo	媒体	发布城市新闻、社会生活、文化活动等
@TimeOutTokyo	媒体	发布城市新闻、社会生活、文化活动等
@The Tokyo Times	媒体	发布东京或日本的时事新闻
@公益財団法人東京都歴史文化財団	民间财团	在东京都政府的授权与委托下,负责12家都立美术馆、博物馆等文化机构的日常运营

资料来源:作者整理。

尽管有多种原因造成了以上差异,但是客观上,东京在推特平台上的确形成了比北京更全面的新媒体传播矩阵,从某种程度上,这意味着 "东京都" 在推特平台上的存在感要大于 "北京市",东京的形象也更为国际化。

从表6-1和表6-2的账号中选取@Visit Beijing和@Beijing2022,以及东京同类型官方账号@ Tokyo Arts&Culture和@Tokyo2020作为进一步进行分析的研究对象(见表6-3)。其中,@Visit Beijing是北京市文化和旅游局的官方账号,@ Tokyo Arts & Culture是负责东京文化旅游推广的官方账号。@Beijing2022是北京冬奥会组委会的官方账号,@Tokyo2020是东京奥运会组委会的官方账号。这4个账号都是进行城市品牌形象传播的主要账号。

表6-3　北京和东京四个城市官方账号的基本情况（2018—2020）

城市	账号	开设时间	粉丝数量（万）	发推量	点赞数	转发量
北京	@Visit Beijing	2014年7月	11.7	1 333	31 912	6 779
	@Beijing 2022	2014年10月	9.9	2 170	161 158	76 577
东京	@ Tokyo Arts & Culture	2015年5月	19.6	564	4 906	13 578
	@Tokyo 2020	2013年10月	23.8	3 200	983 305	335 792

资料来源：作者整理。

如无特殊说明，研究数据统计截止日期均为2021年4月4日。

　　四个账号均具有国际影响力能力。比较而言，北京城市账户在东南亚、非洲和拉美地区拥有更强的影响力。北京和东京的城市官方账户虽然在绝对粉丝数量上存在差距，但是在粉丝质量方面北京账号的表现更好，因为东京城市账号粉丝中存在近三成的"僵尸粉"，即从事在"帖子/推文中创建恶意链接，传播虚假新闻，将未经请求的消息发送给合法用户等行为"的"虚假粉丝"。[①] 根据推特审计（Twitter audit）工具测算，@Tokyo Arts & Culture 与 @Tokyo2020的粉丝真实率仅为74%左右，而北京城市账户的95%以上的关注者均为真实粉丝。北京推特官方账号粉丝的增长稳定性也更好。在9周时间内，@Visit Beijing平均每周增长9名粉丝，而@ Tokyo Arts&Culture流失31名粉丝；@Beijing2022平均每周新增1459名粉丝，而@Tokyo2020新增597名粉丝。可以说，北京城市官方账号显示出更好的发展势头。

　　通过Node XL软件采集了@Visit Beijing，@Beijing2022，@ Tokyo Arts & Culture和@Tokyo2020这四个账号自2018年至2020年发布的7267条推文，样本数据包括推文发布时间、发布内容、呈现形式、转发数、点赞数等特征属性。使用Wordstat 8软件对推文内容进行了关键词分析并可视化。结果显示，4个账号均展现了很强的功能属性。北京和东京奥运赛事账号的推文主题集中于"全方位展示奥运筹备状况"和"营造赛事氛围"两方面；而@Visit Beijing和

---

① Md. Zulfikar Alom et al., "Detecting Spam Accounts on Twitter," (paper presented at the 2018 IEEE/ACM International Conference on Advances in Social Networks Analysis and Mining, August 28–31, 2018).

@ Tokyo Arts & Culture这两个账号则聚焦于各自城市的旅游景点、自然风景、社会风光，以及城市文化活动（见图6-2）。

图6-2　@Visit Beijing 推文词云分析

资料来源：作者整理。

　　@Visit Beijing最突出的内容是北京的历史文化名胜古迹，长城、故宫、颐和园、天坛是出现频次最多的景点，古北水镇和中轴线是新兴的景点及旅游路线；其次是推介北京旅游文化部门的活动，如 "长城好汉" 活动、赢取北京旅游机会等活动。此外，推文还包括对中国传统文化的介绍，如二十四节气和春节等中国民俗文化等（见图6-3）。

图6-3　@Tokyo Art & Culture 推文词云分析

资料来源：作者整理。

对比之下，@ Tokyo Arts&Culture账户日常运营内容的重点是体验性、品牌性的文化活动，其中出现频率最高的词分别是：东京都市（TOKYO METROPOLITAN）、艺术博物馆（ART MUSEUM）、当代艺术（CONTEMPORARY ART）、虚拟博物馆（VIRTUAL MUSEUM）。这一账号通过展现东京正在举办的文化艺术活动及发布活动日程，营造东京的文化特质与氛围，同时为推特网友提供了实用的旅游信息（见图6-4）。

图6-4　@Beijing 2022推文词云分析

资料来源：作者整理。

北京和东京奥运体育赛事官方账号推文主题有较大差异。@Beijing2022推文突出了国家体育馆、鸟巢和首钢冰球馆等冬奥设施的改建履新情况；中国传统优势项目短道速滑的备战状态；冬奥吉祥物"冰墩墩"和"雪容融"精彩亮相；国际奥委会主席巴赫先生对北京筹备工作作出的积极评价等内容。这个账户是以冬奥会为轴心展现北京市筹备工作的卓越效果，凸显北京市的冬奥会配套设施日臻完善、相关运动员的训练状态渐入佳境，尤其展现了在新冠疫情影响下北京能够如期办赛的能力与信心，凸显了举办冬奥会为改善我国体育事业"夏强冬弱""冰强雪弱"问题带来的宝贵机遇（见图6-5）。

图6-5　@Tokyo 2020推文词云分析

资料来源：作者整理。

@Tokyo 2020的重点话题包括：围绕"奥运"开展的日语教学栏目；奥运会的赛事日程；重要时间节点的纪念活动（如10月为1964年东京夏奥会的举办日、2月为长野冬奥会的举办日）；本土丰田公司成为奥运合作伙伴；线上东京夏奥会倒计时活动；奥运火炬传递时正值樱花盛开等。相比北京冬奥会账户传递的"城市服务于奥运"的理念，该账户似乎更强调"城市与奥运的融合共生"，营造奥运的"东京特色"和"日本风格"。此外，账号还尝试通过日语教学栏目和倒计时活动增加与粉丝的互动。

借助社交媒体进行城市品牌的塑造与传播，是城市管理部门有策略、有意识地影响城市现实或潜在目标受众对城市认知、心理与态度的过程。社交媒体传播策略"因市而异"的个性化特征反映了城市管理部门对互联网媒体认知与运用水平的差异，并最终体现为不同城市账户影响力的差距。

三、提升城市形象对话模式的策略分析

通过Twitonomy工具对比了4个账号的推文发布数量、发布频率和提及频率等指标。北京2个城市官方账号目前已基本积累了十万量级的粉丝，这是不小的成就，但从账号与粉丝的互动性及其所反映的传播影响力来看，北京城市品牌传播还有较大的进步空间（见表6-4）。

表6-4　北京和东京信息策略对比

统计指标		@Visit Beijing	@Tokyo Arts & Culture	@Beijing 2022	@Tokyo 2020
平均每日推文数（条）		1.19	0.85	1.46	3.49
平均每条推文的链接数		0.2	0.9	0.3	1.2
提及（@）用户总数		693	1382	1029	2641
平均每条推文提及的用户数		0.25	0.91	0.32	2.8
收到用户回复的推文占比（%）		4	8	5	16
被转发推文占总推文比例（%）		74	73.53	74.48	78.24
被转发推文转发数区间占比（%）	转发数≤50	99.8	98.4	95.8	76.2
	50＜转发数≤100	0	1.2	2.8	11.3
	转发数＞100	0.2	0.4	1.3	12.4
被点赞推文点赞数区间占比（%）	点赞数≤50	96.7	96.3	96.3	92.4
	50＜点赞数≤100	2.8	3.5	2.9	6.2
	点赞数＞100	0.5	0.2	0.8	1.4

资料来源：作者整理。

从日均发文量上看，@Visit Beijing 与 @Beijing 2022 的日均推文量分别是1.19条和1.46条，与 @Tokyo Arts&culture 接近，基本达到一天发布一条推文的及格线，而有20万粉丝的 @Tokyo 2020 则稳定在3条左右。

平均每条推文链接数的数值越高，账号成为他人主要信源的可能性越大。[①] 在这一指标上，@Visit Beijing 数值是0.2，在四个账户中数值最低，甚至低于四者的平均值0.65。这在一定程度上表明，即使在有关北京旅游这一专业领域内，@Visit Beijing 也尚未成为重要的传播节点，该账户在建构、维系与目标受众关系方面仍然有较大的提升空间；而 @Beijing 2022 账户在2016年出现了推文断档现象，这显然不利于培养账号公信力，也不利于凝聚粉丝关注与情感认同（见图6-6）。

---

　① Twitonomy官网对"推文平均链接数"指标的解释：平均链接数越高，越可能成为重要的信息参考点（https://www.twitonomy.com，访问时间：2021年4月8日）。

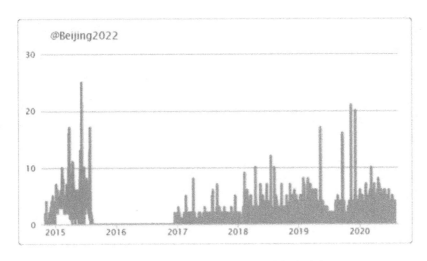

图6-6　@Beijing 2022推文的年度分布

资料来源：作者整理。

从提及（@）的用户总数和平均每条推文提及的用户数来看，北京与东京城市账户间有明显差距。@Visit Beijing账号开设时间早于@Tokyo Arts&Culture，发文量也是后者的一倍左右，但仅和693位用户进行了互动，平均每发4条推文才会主动提及（@）一名用户。而@Tokyo Arts&Culture和@Tokyo 2020分别于1382位和2641位用户进行了互动，平均每发1条推文就会吸引1至3位用户参与到话题讨论中。换言之，东京城市账户注重与粉丝之间的互动，日常推文不是单向的信息"传播—接收"关系，而是"双向互动型"发布形态。

社交媒体账户所发推文的转发数与点赞数既是重要的互动性指标，也是账户信息传播力与影响力的核心体现。在这一点上，两个城市都有可进步的空间。尽管东京城市账号与粉丝的日常互动频率更高，但是在这两个指标上的情况只是比北京略好。从表6-4看，4个账户推文的转发数和点赞数呈"金字塔型"的分布状态，绝大部分推文的转发数和点赞数高度集中在低值（转发数≤50；点赞数≤50）区间内。随着转发数与点赞数数量区间的提高，落在高位区间的推文越来越少。这似乎是世界范围内很多城市社交媒体账号普遍存在的问题。针对美国纽约市、波士顿市、波兰华沙市等城市社交媒体的研究也指出，城市倾向于将社交媒体视为一种静态的信息传播渠道，政府机构可能缺乏充分利用社交媒体的必要知识与技巧，故而将社交媒体的应用简单化了，选择了侧重信息发布作为最简单、最安全的社交媒体使用方式。[①]

从4个账户的运营情况来看，4个账户均形成了独特风格，注重选择合适的推文形式来吸引粉丝、增强传播力。@Visit Beijing 和 @GO TOKYO 关注受众的视听体验，希望展示立体生动的城市形象，超过九成的推文配有音视频或图片，尤其是"图片＋文本"的发文方式是最主流的推文发布形式；@Beijing 2022 和 @Tokyo 2020 采用了"半文本、半图文"的呈现方式（见表6-5）。

表6-5　北京和东京城市账号推文形式对比

城市	账号	文字推文占比（%）	视频推文占比（%）	配图推文占比（%）	文字推文平均转发（次）	视频推文平均转发（次）	配图推文平均转发（次）
北京	@Visit Beijing	2	11.6	88.4	1.3	5.4	5.18
	@Beijing 2022	57.8	4.8	37.3	12.7	119.1	59.41
东京	@Tokyo Arts&Culture	9	8	83	3.1	213.5	8.05
	@Tokyo2020	9	8	83	33.8	121.3	196.9

资料来源：作者整理。

为了进一步分析传播策略，对4个账号最受欢迎的前5条推文进行了统计和内容分析（见表6-6）：

---

① Michał Sędkowski, "The Challenges and Opportunities of Enter the Social Media Sphere: A Case Study of Polish Cities," *International Studies. Interdisciplinary Political and Cultural Journal* 19, no. 1 (2017): 143-157; H. Efe Sevin, "Understanding Cities through City Brands: City Branding as a Social and Semantic Network," *Cities* 38 (Jan. 2014): 37-56.

表6-6　北京和东京最受欢迎的前5名推文

账号	推文来源	推文内容	推文形式	转发数	点赞数
@Visit Beijing	原创	亲自来北京参观紫禁城（配图紫禁城）	文本+视频	189	1671
	原创	来参观你从未见过的北京（配图天坛）	文本+图片	144	1438
	原创	英国首相抵达北京，与李克强总理会晤	文本+图片	101	325
	原创	瑞安·雷诺兹为电影《死侍》在北京做宣传，照片上看他在北京玩得很开心！（配图瑞安·雷诺兹）	文本+图片	32	1671
	原创	北京的天气，就像这幅图，是绝对完美的，从12℃到30℃，这是我们去圆明园散步的最佳天气！	文本+图片	26	928
@Beijing2020	转发自@Olympics	祝愿羽生结弦先生早日康复，期待与你在北京冬奥的冰雪舞台上见面	文本+图片	4145	2132
	原创	以熊猫为原型的"冰墩墩"是北京冬奥的吉祥物，她准备好与世界一起分享奥运精神	文字+图片	3550	13004
	原创	"双十一"是由阿里巴巴集团（@AlibabaGroup）推出的购物节日，关注、转发、点赞将有机会获得由阿里巴巴提供的"冰墩墩"与"雪容融"玩偶套装	文字+图片	2615	39118
	转发自@pyeongchang2018	#平昌冬奥会闭幕式#下一站是北京！	文本+图片	2172	3804
	转发自@Olympics	平昌奥运落下帷幕！奥运粉丝与志愿者，你们太棒了！	文本+视频	1883	4786
@Tokyo Arts & Culture	转发自@Tokyo 2020	2020年东京奥运会的火炬样式正式揭晓，它是日本人最喜欢的樱花！	文本+视频	7297	10925
	转发自@Tokyo 2020	"众志成城，我们可以赢"东京市的地标性建筑——东京天空树被点亮，象征着世界人民团结在一起抗击新冠疫情	文本+视频	365	920

账号	推文来源	推文内容	推文形式	转发数	点赞数
@Tokyo Arts & Culture	转发自 @Tokyo gov	今天是世界盆景日！与我们一起在世界闻名的东京春花园博物馆探索盆景的艺术吧！	文本+视频	325	192
	转发自 @Tokyo gov	时至今日，东京与江户的关系仍然非常紧密。下面的视频展示了二者关系的历史变迁。欢迎前往东京—江户博物馆来感受这段历史	文本+视频	291	183
	原创	烟花是东京夏天不可缺少的一部分。来参观隅田川花火大会，欣赏被烟火点亮的夜空	文本+视频	261	126
@Tokyo 2020	原创	准备好了吗！（配有动漫风格的东京奥运宣传片）	文本+视频	18086	46256
	转发自 @Paris2024	奖章、生活、"自由女神"玛丽安是2024年巴黎奥运标识的主体。	文本+视频	9055	13838
	原创	2020年东京奥运会的火炬样式正式揭晓，它是日本人最喜欢的樱花！	文本+视频	7303	24665
	原创	奥运圣火已经点燃！＃东京奥运＃	文本+视频	5590	14652
	原创	这是你们期待已久的时刻，2020年东京奥运会奖牌正式亮相！转发将收获好运！＃东京奥运倒计时一年＃	文本+视频	4281	9371

资料来源：作者整理。

基于以上分析，采用以下五种策略或可以提高城市形象传播的对话效果。

第一，采用多媒体的信息发布方式。推文形式的差异间接导致了不同的传播效果。以多媒体形式呈现，能够提供丰富视听体验的推文要比纯文本形式的推文更受欢迎。4个账户配有音视频媒介推文的平均转发量比文本形式高出5倍左右。以 @Beijing2022 为例，一条融合多媒体视频形式的推文平均得到119.1次转发，而仅有文字形式的推文平均被转发次数仅为12.7次。

第二，提高传播互动性。可以通过增加粉丝提及率，@传播网络中的关键节点来增加信息的曝光率和传播范围；也可以通过具有参与感的活动，如

@Beijing 2020与@AlibabaGroup（阿里巴巴集团）共同发起的集赞抽取奥运吉祥物礼品，东京市采用"转发获取好运"（retweet for a good luck）的方式吸引受众。此外，尝试利用VR（虚拟现实技术）、AR（增强现实技术）等新技术手段打破空间限制，提高受众对城市互动体验，是可以探索的新方向。

第三，选择特色鲜明的城市文化符号。北京的紫禁城和东京的樱花既是城市文化特色的集中体现，又是城市品牌形象视觉符号的重要来源。其本身即是自带流量的文化话题，可以极大地加深受众对城市品牌的感知。

第四，将城市信息与时事热点话题相结合。@Tokyo Arts&Culture所转发的将"东京天空树为抗争新冠疫情而点亮"的推文获得了365次转发、920次点赞。将城市议题适当地嵌入推特热点话题中，借助后者的"溢出效应"能增加城市的曝光度，树立良好的城市形象。

第五，城市内部账户间形成联动，发挥"集聚效应"。@Tokyo Arts & Culture的推文多转发自本市影响力更强的账户或对其所发布的热点推文进行二次传播，规模化传播矩阵的形成在多面化展示城市形象的同时进一步拓宽了城市的影响力。

第二节　场景传播模式

场景原指电影拍摄的场地和布景，是指在特定时间和空间内发生的行动，或者因人物关系构成的具体画面，通过人物行动来表现剧情的特定过程。"场景"这一概念的意涵被引入多个学科领域。在市场营销领域，场景一词指代服务场所经过精心设计和控制的各种环境要素，消费者通常在有形场景中进行产品消费或服务体验，体验会增加消费者的感知价值，而基于消费者生活细节的感情体验与消费者情感和心理需求在特定时间、地点和消费情景下的耦合，会带来场景价值。[①] 如第二章所述，城市形象传播具有时空二维特征，在互联网等新技术条件下，城市场景传播模式是城市形象空间传播的"升维"与再造。

---

① 李鸿磊，刘建丽：《基于用户体验的商业模式场景研究：价值创造与传递视角》，《外国经济与管理》2020年第42期。

一、新技术条件下的场景传播

在城市研究领域，芝加哥大学特里·克拉克教授提出"场景"（scenes）驱动城市发展，认为城市具有空间体验的美学意义。纽约、东京、巴黎等国际大都市娱乐休闲设施组合形成了包含景观、体验、消费、感知、符号意义等内涵和特定文化价值取向的都市"场景"，吸引不同的群体进行文化消费进而推动区域经济社会的发展。[①] 新芝加哥学派提出了戏剧性、真实性、合法性三个分析场景的广义维度以及三个广义维度之下的十五个子维度，为了解、分析和辨识不同都市场景街区提供基本的工具和方法，以为城市改造、区域发展、社会治理以及相关公共政策的制定提供理论依据。[②]

在传播学领域，较早使用"场景"一词的学者是美国传播学者约书亚·梅罗维茨（Joshua Meyrowitz）。他借鉴社会学家欧文·戈夫曼（Erving Goffman）提出的"个人根据框架，即组织事件的心理原则与主观过程，对当下的情境做出解释，正确评估情境，然后采取相应的行动"思想，基于技术决定论的立场，提出了"媒介情境"的概念，认为媒介创造情境，进而改变人们行为，以此阐发媒介对人类社会的影响。他将"情境"定义为"信息系统"："地点和媒介同为人们构筑了交往模式和社会信息传播模式……地点创造的是现场交往的信息系统，而其他传播渠道则创造出许多其他类型的情境。"[③] 梅罗维茨的"情境"指的是能产生信息流通的任何情况，包括电子情境以及电子情境和社会情境融合而成的全新情境。[④]

如本书第二章所论述的，城市传播具有空间性。在场景理论下，城市场景是物质空间、活动空间和精神空间的叠加、融合与渗透，城市场景的物质结构

① 丹尼尔·亚伦·西尔、特里·尼科尔斯·克拉克：《场景：空间品质如何塑造社会生活》，祁述格、吴军等译，社会科学文献出版社，2019，第1—2页，39页，67页。

② 吴军、夏建中、特里·克拉克：《场景理论与城市发展——芝加哥学派城市研究新理论范式》，《中国名城》2013年第12期。

③ Joshua Meyrowitz, "Using Contextual Analysis to Bridge the Study of Mediated and Unmediated Behavior, Mediation," in *Mediation, Information, and Communication*, ed. Brent D. Ruben (New York: Routledge, 1990), pp. 30-58.

④ 车淼洁：《戈夫曼和梅洛维茨"情境论"比较》，《国际新闻界》2011年第33期。

包括物质性的设施和空间结构，是对场景品质的保障，物质结构所呈现的文化品味是场景营造的精神空间，蕴含在城市生活福祉设施的组合结构中；城市场景传播通过象征式、符号式的品牌传播，打造场景IP，激发人们对场景的文化价值认同，吸引其进行生活必需品花费或参与劳动生产以外的娱乐、休闲和体验。典型案例如秦皇岛的阿那亚社区，通过将街区品牌、商业品牌、文化创意品牌等不同层级的各类品牌组合、凝聚为能够满足文化消费和社交需求、代表其身份的场景，成功地从烂尾街区转变为地标性潮流之地。[①]

数字技术的革命性迭代带来了场景的"升维"与变革。全球资深科技记者罗伯特·斯考伯（Robert Scoble）和资深技术专栏作家谢尔·伊斯雷尔（Shel Israel）提出了可穿戴设备、大数据、传感器、社交媒体、定位系统这五大技术将支持互联网在未来25年进入"场景时代"，断言场景必将重塑整个人类生活和商业模式，未来全球所有的企业都必须把场景纳入其发展战略方能立足生存。[②] 他们所使用的"场景"为context，在中文语境下可以译为"场景"或"情境"，译为场景更偏向于空间环境，而情境更多的指行为情景或心理氛围。[③]

移动互联网时代的"场景"依托移动终端、大数据、云计算、人工智能等数字技术，借助增强现实技术（Augmented Reality，AR）和虚拟现实技术（Virtual Reality，VR）[④]、混合现实技术（Mixed Reality，MR）和拓展现实技术（Extended Reality，XR）等技术带来了场景的细分与个性化。AR允许用户与叠加在其物理环境中的数字内容进行交互。例如宜家推出的增强现实应用程序，让消费者可以看到宜家家具"放置"在他们生活空间中的场景，来判断家具是否适合房间的当前设计；VR通过交互式虚拟环境模拟真实世界的体验，是利用电脑模拟产生一个三维虚拟世界，为使用者提供关于视觉、听觉、触觉等感官的模拟。虚拟现实有两种类型：非沉浸式和身临其境。非沉浸式虚拟现

---

① 眭谦:《以场景IP讲好城市更新的故事》，每经网，https://www.nbd.com.cn/irss/toutao/articles/1963266.html，2021年10月26日，访问日期：2021年12月20日。

② 罗伯特·斯考伯、谢尔·伊斯雷尔:《即将到来的场景时代》，赵乾坤、周宝曜译，北京联合出版公司，2014，第11页。

③ 彭兰:《场景：移动时代媒体的新要素》，《新闻记者》2015年第3期。

④ Empower Frontline Workers, "Augmented Reality vs Virtual Reality," April 12, 2022, accessed by April 15, 2022, https://www.teamviewer.com/en/augmented-reality-ar-vs-virtual-reality-vr/.

实通过设备的屏幕显示，而沉浸式虚拟现实涉及佩戴允许消费者被环境包围的设备；MR虚拟世界和物理世界的重合，真实和虚拟对象在此环境中一起呈现。XR与MR技术相类似，都是在LED屏幕或投影区域外添加虚拟的AR效果。不同的地方在于扩展现实所添加的虚拟效果除了与屏内有交互的AR虚拟物体，还包括作为屏中显示内容扩展的虚拟背景。① XR通过数字化虚拟现实场景映射算法和多维度大屏幕显示结合，给更多的观众同时创造一种裸眼即可观看的真人与虚拟内容精准仿真的交互环境，真正达到多人同步体验虚与实之间无缝衔接的状态。在视觉性及交互性方面相较于VR、AR、MR也有显著提升，可以称之为深度沉浸式体验。② 这些技术的沉浸式、交互式特征，可以模拟人类的感知功能并在此基础上实现了人机交互，用户在使用过程中可以与之进行互动，并得到真实又即时的反馈。③

如果我们把场景理解为人为建构的"环境"，那么在移动互联网时代，借助数字技术能够促进特定用户与用户、用户与生产者，以及用户与产品（或服务）之间的连接、集合、协同及价值变现。结合场景技术和要素来看，在移动互联时代，场景传播呈现出以下特点：第一，它是一种基于信息适配的传播，即在依靠传感器、大数据、定位系统等技术力量的情况下尽可能满足定制化、个性化的精准传播；第二，它是一种社交浸润式传播，即是依据社交平台以及用户属性而形成交互参与的传播，社交与传播融为一体，场景变成社区；第三，它是一种打破了时空界限、实现了时空融合的体验传播，过去的场景传播是基于传者的设计，当前的场景传播是同时基于受众心理和行为需求的情境营造，④ 尤其捕捉与提升基于受众生活细节的情感体验。情感需求、体验与特定场景的耦合，能够带来场景价值。简言之，对场景的捕捉、感知及其适配信息（服务）成为场景传播的关键。AR、VR等技术不仅可以像传统媒介那样能

① Shaune Jordaan, "Simply Unreal: Welcome to Extended Reality (XR)," June 18 2021, accessed by October 20, 2021, https://themediaonline.co.za/2021/06/simply-unreal-welcome-to-extended-reality-xr/.

② 马寰：《XR扩展现实在大学生创新创业路演中的应用研究》，《包装工程》2021年第42期。

③ 迟媛媛：《新媒体时代虚拟现实技术在传统艺术文化传播中的应用及价值》，《现代商贸工业》2022年第43期。

④ 严小芳：《场景传播视阈下的网络直播探析》，《新闻界》2016年第15期。

连接人与信息、人与人，更可以连接人与物、连接现实世界与虚拟世界，连接人的物理世界与心理世界，等等。

二、场景传播的升级变革

场景传播模式推动了媒介环境和现实环境互相交融，将成为第三空间视域下的基本传播模式，也将继续带来城市形象传播的变革：

第一，虚拟场景对城市现实场景的植入，为城市形象传播提供了更多与公众连接的"接口"和"界面"，促成公众对城市的全方位体验。例如，张家口将城市场景植入休闲跑酷类公益手游《奔跑在堡子里》，游戏运用多种数字媒体技术展示了张家口丰富的非物质文化遗产资源。在游戏中，玩家扮演各个朝代的考古工作者"小明"，在不同朝代的张家口场景中游玩，玩家在游戏中不仅可以了解张家口的历史和传统文化，还能了解张家口各地区和各个时期的饮食文化、特色生活等地域文化特色。游戏打通线上和线下渠道，在张家口堡古镇建筑内设置线下打卡点，通过这种形式促进玩家参与线下活动，同时也在微博发起话题"我与张家口的故事"，增强了玩家与张家口文化的认同感。在冬奥会期间，游戏抓住冬奥盛会这一热点，加入"特色冬奥"主题关卡，通过在线问答等方式让玩家认识冬奥、了解冬奥。相对于以往单一形式的以推广周边为主的宣传形式而言，积极采用先进的数字媒体技术，引入年轻人喜爱的手机游戏进入城市形象宣传的组成部分，不仅丰富了城市文化的内容与形式，也可以使得城市文化品牌发展更具全面化、互动化、多维化。[①]

第二，AR和VR技术增加了城市现实场景的感染力，提供了身临其境、高感官体验的沉浸式传播。借助数字技术，城市形象传播不仅仅是语言、符号、图像与视频所构建的"空间的再现"，而是通过构造空间与环境和社交氛围帮助用户进入虚拟和现实相结合的"再现的空间"，实现了真正的"在场"传播。VR旅游正逐渐成为城市品牌推广的营销工具。德国和澳大利亚进行的联合调查显示，近50%的游客愿意通过免费的VR工具进行旅游目的地的选

---

① 刘璇、史超然：《移动端游戏中的城市文化品牌建设研究——〈以奔跑堡子里〉为例》，《营销界》2021年第21期。

择。13% 的受访者表示愿意为 VR 旅游付费。成熟的 VR 和裸眼 3D 技术也被用于城市图书馆、博物馆、美术馆、公园等拥有大量可具象化资源的文化设施。近年来，伦敦市不断丰富和完善"虚拟伦敦游"（Virtual Tour of London）的线上产品与体验，借助 VR 工具和互联网，游客就能够在家中参观大英博物馆，漫步白金汉宫大厅，欣赏莎士比亚环球剧场的演出，伦敦聆听交响乐团的音乐会。VR 旅游不仅为用户提供亲临目的地的想象，更能够创造独特的城市参与感，为其日后的出行计划与安排提供指南和引导。

为纪念柏林墙的倒塌，梅特奥公司（Metaio）和时光旅行增强技术公司（Timetraveler Augmented）两家企业推出了基于 AR 技术的时光旅行（Timetraveler）应用程序，可以切身体验柏林墙的历史。这一应用程序可在任何智能手机上使用，引导用户通过基于全球定位系统（GPS）的柏林墙沿线 11 个主要历史遗址的游览伯瑙乐（Bernauer）街上的柏林墙纪念馆。一旦被 GPS 引导到适当的位置，应用程序就会切换到光学跟踪模式，识别位置，然后显示 50 多年前发生的事件，如一些当时的真实视频片段或事后重现的片段、拆除柏林墙遗址的重建，以及东西德人民在柏林墙阴影下经历的故事。

故宫博物院与美国国际商用机器公司（IBM）合作，推出 3D 产品《虚拟紫禁城》。《虚拟紫禁城》设计了 6 条观众游览路线，开发了互动功能，对实际演员的真实动作进行动态捕捉，给观众再现了皇家生活场景，观众能与场景中出现的人物进行互动，体验更为真实、直观。[①] 在洛阳牡丹博物馆中，在牡丹博物馆的第二展厅的牡丹品种展览陈设单元，参观者可通过触摸展区的大数据柱，了解牡丹的品种和不同色系。参观者点哪个品种，顶面的花瓣造型随之通过渐变式光影变幻，多维度呈现该品种牡丹的特点。在第二展厅中的牡丹传播单元，参观者也可以通过 VR 设备进行虚拟游览洛阳市内星罗棋布的牡丹园。[②] 虚拟技术既彰显了牡丹国色天香的气韵也让参观者深刻体会和了解到牡丹文化的精髓。甘肃省博物馆则通过 AR 互动技术令文物可以进一步呈现"活

---

① 郭萌萌：《从空间场景叙事到国家形象传播——以〈如果国宝会说话〉为例》，《出版广角》2019 年第 18 期。

② 搜狐网：《洛阳牡丹博物馆　将在牡丹文化节前开放》，https://www.sohu.com/a/454026748_232704，2021 年 3 月 4 日，访问日期：2021 年 12 月 20 日。

态",如仰韶文化彩陶盆上的鱼纹可以"游动",增加了文化体验感。①

第三,更重要的是,场景传播允许用户对日常生活场景进行自定义,提供"我的场景我做主"的个性化体验,促进人们分享与城市有关的故事与体验,增加城市的品牌价值。

巴黎著名的花神咖啡馆创建于1887年。巴黎的艺术大师和文艺爱好者们在花神咖啡馆中细品咖啡、谈笑风生,彼此间就文艺创作进行思想上的碰撞。蜷缩在座位上的哲学家听到别人引用自己的观点,随即加入讨论之中。70年前,上述场景的实现需要物理空间上的接近,而今,无意中听到讨论的哲学家也许仅仅需要通过社交媒体上的"回复"(@reply)便可进行回应。② 如同文艺工作者重塑了咖啡馆的使用场景一般,以推特为代表的社交媒体也在重塑媒介传播方式的同时,提供了一个类似于花神咖啡馆的空间,它将用户讨论、分享、创造的感受延伸到虚拟空间,形成"时空一体"的多维感受。

社交媒体独具的链条式和网格化的传播方式,为现象级媒介内容的制造和传播提供了新契机。以微博、推特、脸书等社交平台为代表的社交媒体,既能够多样化地满足访客的需求和兴趣,也能够凭借其自身的联通属性访问世界范围内任何网络节点,使人们不需要物理上的接近便可参与全球性的讨论。

依据场景传播与塑造城市形象相结合的策略,城市还可以依托各类直播和短视频等互联网社交平台开展场景化传播,吸引不同年龄、身份、阶层的人们加入其中,催生内容丰富的社交信息,传播城市形象和相应产品,从而将受众与城市连接,受众会对城市形象产生深度认知和情感认同,自发参与城市形象内容的场景传播,并通过高黏度的消费体验和社群凝聚为城市形象创造无限的商业价值。

北京冬奥会期间,通过最前沿的元宇宙技术完成了疫情期间特殊的新闻传播。北京新闻中心"云聚(Cloud ME)体验厅"基于音视频通信解决方案,

①　王博、刘能静:《甘肃:智慧博物馆让文物"活"起来》,中国政府网,November 12, 2018, accessed October 20, 2021, http://www.gov.cn/xinwen/2018-11/12/content_5339603.htm。

②　K. Carruthers and B. Ballsun-Stanton, "#c3t An Agreeable Swarm: Twitter, the Democratization of Media & Non-localized Proximity," (paper presented at the 5th International Conference on Computer Sciences and Convergence Information Technology, 2010, pp. 166-169).

在保证实时对话和互动的同时，将实物尺寸进行等比例全息投影，使得远程受访者的面部表情清晰可见、肢体清晰可触，为中外媒体记者带来了近乎真实的采访互动体验。国际奥委会主席巴赫的实体形象经由跨区域云全息Alibaba Cloud Me（阿里云聚）技术、视频云RTC（Real-Time Communication，音视频通信）和全球实时传输网络（GRTN）技术，被完美复刻到4K高清视觉屏幕上，以"发丝级"高清全息的虚拟形象与现场1770名媒体记者"见面"。这是元宇宙技术首次应用于采访，打破了闭环内外的界限，为疫情防控常态化下的新闻采访提供了新模式；也让巴赫主席跨越1200公里的空间阻隔，通过具身交往参与了一次面对面的国际传播实践，显示了元宇宙改变国际传播场景、构造元宇宙国际社会的巨大潜力。[①]

未来，在更深层次的人机交互基础上，技术打破时空隔阂所创造的虚拟场景将越来越"真实"，通过植入式传感器和环境传感器的数据采集与应用还能进一步增加虚拟场景的个性化，并通过智能交互激发受众的情绪反应与心理感受，受众可以主动捕捉场景中的细节，实现高度智能化和实时互动的传播。

第三节　计算传播模式

计算传播是随着大数据和人工智能技术的发展出现的新概念，它指的是在网络，尤其是通过社交媒体平台对受体进行定向数据收集、分析和评估的基础上，通过智能机器人等软件程序模仿人类进行信息传播与在线互动，以影响与"型塑"舆论的传播手段。

一、计算传播的定义与应用方式

计算传播基于大数据时代人类传播行为的可计算性。个体的数字化生存状态及基于个体互动产生的群体"涌现"行为产生了多维度、多面向的海量数据。物联网进一步将射频识别、红外感应器、全球定位系统、激光扫描器等信息传

---

① 裴剑飞：《巴赫"空降"北京新闻中心"云拜年"》，新京报网，2022年2月7日，http://epaper.bjnews.com.cn/html/2022-02/07/content_814377.htm，访问日期：2022年2月10日。

感设备与互联网结合，进行信息交换和通信。生活中的日常物品被媒介化，即使个体不直接接入互联网，其行为数据也被记录、储存在政府或企业的数据库中。计算社会科学通常使用以太字节或千兆字节为单位的大型复杂数据集，通过信息自动抓取、社会网络分析、复杂性模型等计算或算法解决方案从这些数据中生成模式和推论，检测、研究社会学理论在数字情境下的适用性。[①] 计算传播是计算社会科学典型的应用场景。理论上，计算传播主要包括对目标受众的计算、对传播路径的计算，以及对传播内容的计算。

对目标受众的计算。分析用户发帖内容及频率、关注话题等线上数据，并结合线下数据源来划分持有不同政治意见的用户群体，预测受众的偏好、倾向和未来行为。在线聊天过程中，机器人还能根据受众反应调整，对受众个性、喜好、心理需求的判断，灵活地改变谈话内容以更好地诉诸受众的利益、情感或心理需求，让其更容易接受某种观点，增加说服效果。

对传播路径的计算。这是通过应用大数据分析和多元主体建模等计算社会科学方法确定特定舆论议题的生成态势、传播路径、传播规模、速度及分布的状态，分离出促进意见扩散的关键节点及其特征阈值。

对传播内容的计算。可以调整信息框架或诉求点，设计出最具说服力的信息内容，并检测不同信息文本的传播效果。改变信息文本的若干措辞可以显著而有力地激起受众的情绪反应，扩大传播效果。

在算法基础上，计算传播使用半自动或全自动的机器人（Bot）模仿真实用户，以远低于人工的成本和远高于人工的效率进行信息的大范围传播与扩散，来改变舆论环境中信息及意见的比重，形成制造支持或反对某一政治人物或政治议题的"意见气候"。换言之，计算传播是规模指数化、手段数字化、效果精确化的传播。

从2017年开始，越来越多的国家开始将计算传播用于政治宣传，试图影响政治进程、施加社会控制。2019年，牛津大学计算传播研究小组发布了《虚假信息的全球秩序》研究报告，这份报告显示：采用计算传播的国家数量从

---

① Philip Shorey and Philip N. Howard, "Automation, Big Data, and Politics: A Research Review," *International Journal of Communication* 10 (2016): 5032–5055.

2017年的28个增长到2018年的48个，2019年则增长到70个。[①] 从实践来看，有三种计算传播手段被广泛应用于政治和商业领域。三种手段的侧重点有所不同，在实践中往往被混合使用。[②]

一是，通过社交机器人大量发表政治评论或者点赞、转发，形成高频词，用来增加政治人物或议题的曝光度，以将其塑造成主流民意的代表。韩国国家情报局曾在韩国总统大选期间，通过中介机构发布了120余万条推特信息来引导公众支持朴槿惠。在推特上，印度总理纳伦德拉·莫迪是仅次于美国总统特朗普的、最受关注的政治家。但是他的4590万粉丝中有60%是虚假账户。莫迪使用社交机器人提升民望。2019年2月，推特平台上在短短两天内出现了777 000次标识了标签"#TNwelcomesModi"（欢迎莫迪）的推文，提及莫迪对印度南部泰米尔纳德邦的访问。

二是，使用路障机器人打压反对者的声音。某一政治行为体可以利用机器人大量转发反对者使用的关键词标签，但具体的信息内容是跟这一标签相反或无关的。这令反对者很难再使用这一标签进行信息传播或与同伴交流，这能阻碍或中断持反对意见的传播，破坏了反对者之间的联系。

三是，传播虚假新闻，仿照专业新闻网站发布不实报道，意在抹黑、煽动、转移注意力、制造分离倾向等。网络巨魔（Trolls）和推送垃圾邮件（Spammer）是两种常见的方式。巨魔以虚假或断章取义的新闻为基础，煽动种族主义、仇外心理、仇视同性恋、厌恶女性等极端情绪。即时聊天软件（WhatsApp）是受虚假信息影响最大的平台。WhatsApp的端对端（end-to-end）加密特性限制了平台甄别、限制虚假信息的能力。垃圾邮件则瞄准政治意见模糊的受众，长时间推送有针对性的信息，以影响受众形成对己有利的政治观念。

---

① Samantha Bradshaw & Philip N. Howard, "The Global Disinformation Order: 2019 Global Inventory of Organised Social Media Manipulation,"Working Paper. Oxford, UK: *Project on Computational Propaganda*. comprop.oii.ox.ac.uk (2019): 17-20.

② Samuel C. Woolley, "Computational Propaganda and Political Bots: An Overview," In U.S. Advisory Commission on Public Diplomacy, *Can Public Diplomacy Survive the Internet? Bots, Echo Chambers, and Disinformation*, (Washington D.C May.2017): 13-17.

　　在美国总统大选、英国脱欧公投、印度选举期间，都有政治团队使用政治机器人来影响网络舆论，以增加支持度、打压反对派。中国在国际社交媒体平台经常遭受计算式宣传对国家形象造成的负面影响。牛津大学吉利安·博尔索弗（Gillian Bolsover）和菲利普·霍华德（Philip Howard）采集了2017年2月21日至4月8日这六周里推特上发布的所有有关中国及中国政治的推文，包含来自254 132个独特账户的1 177 758条推文。数据挖掘与分析显示，推特上与中国政治相关的信息是被少数声音所主导的。在全部推文中，近30%的推文是由排名前100位的发帖用户发布的。在这100名账号中，没有一个是持支持中国立场的"用户"，有五成是社交机器人账号，传播了大量涉藏、涉疆、涉台及人权等问题的反华意见。其中，四个在2016年至2017年创立、标记地址在美国的账号迄今已发布了14 000至37 000条反华推文。[1]

　　目前，计算传播的方式与手段随大数据、短视频社交媒体平台、生成式人工智能技术的发展不断演进，将信息以及与之相关联的话语、叙事、真相及社交媒体"改造"为"数智化武器"，用以影响公众认知、进而干预现实。从理论上讲，政治行为体可以通过计算传播，借助非技术和技术性手段的结合，来诱导目标受众在信息接触、理解和记忆过程中的各种认知偏差，引导受众的思维定势，破坏其对现实的感知和理解，从而在特定议题上制造社会混乱，加剧分裂(见表6-7)。

――――――――――

　　① Gillian Bolsover & Philip Howard, "Chinese Computational Propaganda: Automation, Algorithms and the Manipulation of information about Chinese Politics on Twitter and Weibo," *Information, Communication & Society* 22, no. 14 (2019): 2063-2080.

表6-7 计算传播的手段与方式

类型		表现	武器化方式	利用的认知偏差
非技术手段	信息	以事实为导向的信息	以虚假信息、错误信息、欺骗性信息、诱导性信息扭曲对现实的认识。	认知的选择性接触 • 重复接触重复曝光信息，导致人们更熟悉，更容易回忆起信息，倾向于相信其真实性，形成虚幻真相效应。 • 选择性暴露/确认偏差 搜寻证据以支持现有偏差或预期的行为，最大限度地减少认知失调。
		以观点为导向的信息	以偏见言论、仇恨言论、极端言论激发无意见为有意见、由异议变为同意、由同意变为异议，分化与激化意见。	认知的选择性理解 • 动机推理 推理意识地受到先前存在的价值观、身份态度的影响，当不同意某个观点时，就会倾向于"更仔细地审视"。 • 偏见同化与动机推理相关。在这个过程中，根据自己的信息，以一种有偏见的方式解释新信息。
		以号召和动员为导向的信息	塑造（虚假）共识和集体认同，号召在线参与（转发、点赞、评论、网络请愿等行为）和线下集体行为。	• 敌意媒体效应 个人对信息来源的偏见，看到与自己有观点相反的报道时，倾向于认为这些报道对自己的观点有偏见。 • 群体极化 在群体审议后采取更极端立场，强化个人信念。
	叙事	污名化	对特定个体或群体形象的负面建构，利用身份认同，令大对某一身份群体的威胁的影响和挑战。	
		诉诸情感	激发恐惧、厌恶、悲伤、同情、蔑视等负面情绪，提高特定问题的情感投入或以哪些其他价值突出某些焦虑、困扰。	
		策略性叙事	通过对事实或谬误、例证或不合理陈述或不合理陈述，以及合理陈述或能好或尽可能好或这些可能好或代循环的说明，策略性叙事的迷惑性在于：对事实进行选择性呈现，可以"用事实说谎"。	
	网络影响者	占据传播的网络关键节点	打造有吸引力的自媒体账号；扶植、培养、付费收买或威胁边网络意见领袖；运营虚假账户。	

续表

类型	表现	武器化方式	利用的认知偏差
技术性手段	微定位	定位目标受众，进行信息的个性化和精准化传播，制造信息茧房。	从众效应 宣传的典型手法，又称也称乐队花车效应。当个体受到群体的引导或被施加压力，会怀疑并改变自己的观点、判断和行为，朝着与群体大多数人一致的方向变化。
	人肉搜索	发布针对特定个体的隐私、敏感或虚假信息，故意诱发针对人身攻击的网络暴力。	第三人效果 认为信息不会对自己产生影响，但是会对其他人产生影响，从而调整、改变自己的行为。
	多模态模因传播	多模态是通过两种或多种手段和符号资源建构信息，进行传播的方式。模因是一组由互联网用户在彼此心领会的情况下创造出来的数字产品，具有内容简明性、出于意外性、具体性、可信性、情绪和故事性等特征，体现了共享的共同内容，形式或态度进行大规模的传播，模仿或转换。表情包即是一种典型的多模态模因传播形式。	情感启发 个人信念的准确性和此产生的态度受到情感状态和媒体报道的流行基调影响。
	社交机器人	自动化的计算机程序。通过生成、转发、劫持关键词标签、传播虚假新闻，仿照专业新闻网站发布不实报道，制造虚假人气或者抹黑、煽动、转移注意力，制造分离倾向。	认知的选择性记忆。否认无效性 处理信息的方式是不断累积处理，向"知识库"中添加新的内容，而不是删除以前的信息，这火效应 一主张否定某一主张往往往无效的。
	深度伪造	深度学习（deep learning）与伪造（fake）的组合，包括视频伪造、声音伪造，文本伪造和微表情合成等多模态视频编辑技术。	逆火效应 对与自身信念相抵触的观点或证据，除非人们有足以完全摧毁原信念，否则人们这些观点或证据足以完全摧毁原信念，否则人们
	网络攻击	篡改社交媒体账号，盗取数据及披露文件、恶意软件植入，虚假信息发布。	忽略或反驳它们，原信念反而更加强化。
	平台付费营销	购买流量投放、投放定位广告，购买热搜等社交媒体平台提供的流量获取服务，以扩大影响。	错误的因果推理判断无根据将无根据的因果关系归因于连续事件的行为。事件发生后，人们倾向于将自己的推断与事件的真实记忆相混淆，产生自我暗示错误。

二、计算传播对北京国际形象的影响

计算传播同样被用于影响城市的国际形象。2022年北京举办冬奥会前夕，以推特为代表的国际社交媒体平台上出现了有关北京冬奥会舆情的新动向，主要体现为基于大数据和人工智能技术的政治机器人低成本、大范围、大量传播有关北京冬奥会的负面舆情，并呈现出仿生度高、隐蔽性强的特征。根据对推特平台的数据监测，随着北京冬奥会临近，推特平台涉北京冬奥会的负面舆情呈上升趋势。

其中，近四成推特平台涉北京冬奥负面舆情是由政治机器人制造、推动和散布的。政治机器人本质上是社交媒体平台上模仿人类用户传播行为的计算机算法程序，能够自动生成、传播内容并与人类用户互动，以影响网络舆论达到政治目的。以 Beijing 2022 为关键词爬取了2021年1月的18 728条推文，采用 Botometer 机器人检测工具对这些推文所包含的11 565个账户进行了机器人识别，因账号隐私设置等原因有615个账号无法获得检测结果，返回有效结果的账号为10 950个。其中，1825个账号被检测为机器人账号，占比16.67%。有近4成的机器人账号标注了自身地理位置，地址标注为美国、日本和澳大利亚的账号最多，分别是194个、128个和92个。正是这16.67%的政治机器人账号在这一时期发布了4216条有关北京冬奥的负面推文，占全部负面推文的37.74%。它们主要采用了两种方式发文：一是同一账户高频率推送内容相似的推文；二是通过机器人账号批量化发送内容高度重合的推文。数据分析显示，2021年1月14日晚间6点至6点42分，有10个机器人账户持续发推，每条推文的间隔时间不足10分钟。表面上看，单个机器人账号并没有在极短时间内大量发推，但是，这很有可能是账号背后操纵者的策略性考虑：降低推特平台将这些账号判定为机器人账号而被封号的风险。

发起计算宣传的"政治机器人"仿生度高、隐蔽性强，但互动性较弱。参与北京冬奥会话题讨论的政治机器人具备较高的仿生度和较强的隐蔽性。从1825个机器人账号中随机抽样100个账户进行人工检验，发现具有完整的个人简介、账户头像与背景头像的机器人账户占比61%，平均每个机器人发文3.11条。这些机器人不仅采取与人类使用社交媒体的行为规律相匹配的方式进行发帖（如发帖时间规律，推文配上引人瞩目的图片等），还在社交网络中搜索受欢迎和有影响力的账号，加强与这些人群的互动来博取网络热度。"政治机器人"主要是制造与传播负面、虚假消息，放大对北京冬奥会的误解与偏见，助长网友就相关话题讨论的极端化，将冬奥会政治化，以干扰、阻碍北京冬奥会的顺利举办。

目前，"政治机器人"在阐明观点时主要采用粗线条的话术，重复基本立场，区别于人类用户表明个人独特观点与感受的特质。"政治机器人"的粉丝基数较低，与人类用户的互动性也较弱。"政治机器人"的推文累计获得了18 972次回复，48 853次点赞，25 140次转发，但超过九成推文回复数、点赞数和转发数同时低于10，粉丝数量在5000以下机器人账号占比97.29%。虽然从互动性指标上看，"政治机器人"账号的表现并不比人类账号更出色，但是，这些"政治机器人"的存在相当于在森林中潜伏的火种，已经燃起了火苗，在适当的时机，纵火者煽风点火，完全具备燃起森林大火即操纵舆论、蒙蔽不明真相国际公众的可能性。

面对这样的情势，北京相关部门需要重视计算式宣传原理的研究，以及模式与技术的应用，避免将传统媒体时期"西强我弱"的国际传播格局继续延续到互联网时代，除了统筹中央级媒体推特账号和北京本地官方账号@Beijing2022、@Discover Beijing、@Visit Beijing，@Stories Of Beijing等联动，还需要以算法对抗算法，加强互联网舆情监测和预警，最理想的情况是通过识别传播网络中需要被说服并最大化正面信息的个体集来定向传播我方正面信息，来最小化生产、传播负面信息的个体数，同时合理利用推特平台对政治机器人的限制规则，清除政治机器人的负面影响。推特平台制定了《处理操纵信息和垃圾信息的平台政策》《危害性活动协调》等规则管理推特用户信息传播活动，允许任何人向平台报告违反规则的行为，一旦核实会对相关推文附加"虚假性信息"的标签，或对账号处以警告甚至封号的处罚。因此，定期通过专业技术对制造、传播虚假信息的政治机器人进行甄别并加强与推特平台的沟通，形成集政治机器人预警与反制于一体的推特舆情管理系统，以期减少"政治机器人"对北京国际形象造成的负面影响。

综上所述，随着互联网信息技术的不断演进，社会传播将是连接数字世界和现实世界、跨越现实与虚拟、基于"人在系统之中"的"第三空间"。通过大数据、移动设备、社交媒体、传感器与定位系统"框定"场景,确定传播对象在"此时此地"的物理空间和情感心理需求,并匹配传播对象的身份、个性、偏好、兴趣、情绪和需求进行定制,实现智能化的个性传播与沉浸式体验传播。随着数据驱动的交互行为以指数速度继续增加,传播要借助机器学习从超载的信息环境中识别目标受众及其关注的议题,更好地理解目标受众接收信息的认知框架与情感内涵,并采用从文本过渡到视觉或听觉的现实增强技术提供个性化、具有吸引力的传播场景。对传播目标受众交流模式的洞察、传播场景的感知与框定、信息内容的生产与分发,日益受到计算和自动化的驱动。城市形象传播也将从数字传播、数据传播演进到"智能传播"阶段。

第 七 章

北京国际形象的网络传播全景图

互联网数字技术强化了品牌传播是对话及共同意义建构的内涵。基于"所有人向所有人"的网络传播与分享机制，公众不仅可以通过多样化的数字渠道接触、了解城市，还可以深入参与到城市品牌的内容生产、传播与互动的全过程，成为城市形象的联合创造者（co-creator）。北京城市管理部门需要以互联网思维审视和利用城市品牌传播的这一新趋势：一方面，需要激发城市品牌的利益相关者，如国内外公众、企业、机构参与城市品牌的内容生产，加强他们对城市自我定位和身份的认同，讲好城市故事，以多渠道、不同的方式呈现一致性的城市形象，根据特定传播场景下的特点与变化，巧妙地调整传播策略；另一方面，需要抓住能够接触目标公众的关键节点，激发公众参与，并以全渠道整合传播战略统一渠道与信息，通过将城市品牌内容"引入目标受众群体，促使其相互分享与传播"的方式，真正实现"所有人向所有人"的城市品牌传播。

第一节 "所有人向所有人"传播

互联网数字技术为用户参与品牌内容创作与传播提供了契机。社交媒体降低了内容生产的技术门槛，使得内容生产的主体不再局限于专业的人士和机构，而是泛化为社会大众。用户可以轻松地将文字、图片、视频通过各类App应用程序、社交媒体平台、视频网站进行简单编辑，上传后完成信息的生产与传播。在品牌与用户之间营造讨论、协商的对话性空间，容纳更多的用户参与内容生产过程，形成一种多方协作生产内容的"众创""众产"格局和态势。[①]

一、用户共创及其对城市形象的影响

用户共创的概念最初源于互联网企业，是指互联网用户"能够真正地参与到整个品牌产品的内容生产、分发与互动之中，并且在这个过程之中提出想法和反馈，使得企业和用户之间形成一种全新的交互模式"。[②]用户共创形成了海量的品牌内容，对品牌方来说是"免费"进行的生产，能为产品带来与时俱进的创意。例如，极限运动相机公司（GoPro）在油管视频的频道主要依靠用户生产内容。冲浪、滑翔伞等极限运动的玩家第一视角拍摄的飞起、俯冲、360度旋转画面极具冲击力，配上节奏明快的打击乐或电子乐，炫酷的时尚感十足，凸显了品牌个性。频道排名前三的视频都是由用户拍摄的，总观看频次截至2021年12月已超过了4亿次。

用户共创对城市形象也带来了深刻影响。第一，用户共创以个人化视角和个性化表达，丰富了城市形象。为了凸显城市魅力和价值、传播城市的正面形象，城市管理部门会聚焦代表城市身份的地标性建筑、地方美食、文化遗产等元素，从官方角度的宣传和推广保证了形象传播的一致性，但未必能引发公众的共鸣，因为不同个体即使面对同一件事物也会有不同的感知和感受。当公众能够以个体化视角参与城市品牌建构，积极分享自己对城市的看法和体验，扩展城市形象的维度，使城市形象更加立体和多元。例如，西安借助传统文化与时尚科技的结合，推出"西安年，最中国"一系列相关活动。网友使用小红书社交媒体平台上传、分享了超过8 400篇以"西安年，最中国"为关键词的视频内容。互联网用户中充满好奇心的年轻群体，前来"探店""打卡"，不断发现西安城市形象的新元素，为西安古朴、厚重的古都形象增加了时尚、先锋

---

① 陈芝、李智：《新媒体传播时代基于用户中心的内容生产刍议》，《江西师范大学学报（哲学社会科学版）》2021年第11期。

② 刘丹宇、刘庆振：《用户共创的三个层次及其基本逻辑》，《国际品牌观察》2021年第35期。

的色彩，协助完成了城市形象的更新。①对西安城市管理部门来说，激发用户创造、达成这样的效果并不用较高的经济投入成本。

第二，用户共创为城市形象提供了"人"的视角，增加了城市形象的真实性：不是在宣传，而是在"生活"。以拍照记录、视频制作的方式分享日常生活，这种数字化生存是用户逐渐习惯的社交方式，如同吃饭喝水一样自然。用户的亲身体验"复刻"了城市空间内的社会实践，嵌入用户的生活圈、社交圈、工作圈，反映他们在"此时此地此刻"的真实状态。微粒化的信息在用户的浏览、评论、转发中汇聚成城市跳动的脉搏，描摹出互联网时代的社会画卷。当城市的自然景观、人文建筑、风土人情在用户上传的视频、照片中有意无意地展现并进行推荐时，会被打上高信任度的标签，如同听取朋友和家人的推荐，有助于更新其他用户对城市的传统看法。瑞典西南海岸的中型城市——兰斯克鲁纳每周由不同的民众接管城市在社交媒体图片墙上的官方账号，有权发布展现他/她眼中代表城市形象的图片。项目参与者分为三种类型：临时代理的游客、图片墙博主和专业摄影师。相较于专业摄影师全面、细致地展示城市风貌，前两类参与者主要以非专业的拍摄手段，实时地在社交平台上分享有关城市的生活照片，提升了其他用户对城市的真实感知和正面想象，增强了对城市的信任感。②

第三，城市管理部门可以通过用户共创内容，了解城市品牌身份定位与公众感知之间的差异，更好地进行城市品牌管理。借助机器深度学习，可以对用户上传的海量内容进行场景识别，比传统的问卷调查和访谈技术更能有效地了解不同国家和地区游客对城市的感知和行为。相关研究显示，国际游客对八达岭长城、颐和园、故宫等名胜旅游景点；王府井、三里屯等时尚购物、美食、观光的现代商业区；以及动物园、植物园、传统文化社区等涉及休闲项目的这三类景点的感知和选择有所差异。一些被认为本应是北京最受欢迎的目的地代表，如长城等古建筑、特色美食并没有得到所有外国游客的强烈认可，相比之

---

① 何雨宸：《小红书用户生成内容模式下的西安城市形象传播路径探析》，《西部广播电视》2022年第14期。

② Asa Thelander and Cecilia Cassinger, "Brand New Images? Implications of Instagram Photography for Place Branding." *Media and Communication* 7, no. 4 (2017): 6-14.

下，有京剧等传统文化活动表演的文化社区更受外国游客的青睐。另外，来自不同国家和地区游客的个人感知和偏好也有差异，欧洲游客更偏向古建筑和自然景观，大洋洲游客更喜好山地景物和传统文化，亚洲和北美的游客对当地植物和美食有更强烈的偏好。[①]

对上海城市国际形象的研究也发现，上海城市品牌形象和社交媒体上传播的形象存在较大差距。首先，在信息获取渠道上，国外公众对官方传达的城市品牌信息接收度不够。国外公众搜集上海信息较频繁使用的网站是一些外籍人士的私人网站，而非上海市官方旅游网站，私人网站的访问量和页面浏览量都要远超官方旅游网站。其次，从用户在网站论坛上发布的帖子主题和内容来看，外国公众对上海的认知以消极为主，对上海塑造有吸引力、现代化、舒适宜居、融入中国传统价值观念的城市形象建设有一定的负面影响。[②]

巴塞罗那城市国际形象的传播也存在类似问题。尽管巴塞罗那着力于打造"智慧城市"标签，但对社交媒体用户上传内容的关键词频中，却没有出现与这一身份相关的词汇。这是因为游客在进入圣家族大教堂参观时，订票、排队的时间过久，破坏了他们在巴塞罗那旅游的体验感和好感度，但管理者却自认为当前的售票程序相当先进，已经解决了购票时间久、排长队的问题。城市管理者对城市身份的定位和宣传目标，的确有可能与用户的真实感受不一致。为了避免这种认知偏差，城市需要从用户共创内容中了解用户的真实想法。[③]

第四，用户共创也可能带来城市形象的碎片化，消解原来由城市官方主导的城市叙事，模糊城市身份，增加了城市品牌管理的难度。以抖音为代表的社交类短视频平台兴起后，大量快闪式的短视频影像将城市分解为诸多社会化、媒介化标签。碎片化的城市景观削弱了不熟悉当地生活的观众对城市的全景化

① Xia Peng, Yi Bao and Zhou Huang, "Perceiving Beijing's city image across Different Groups Based on Geotagged Social Media Data," *IEEE Access* 8 (2020): 93868-93881.

② Henrik Gert Larsen, "The Emerging Shanghai City Brand: A Netnographic Study of Image Perception among Foreigners," *Journal of Destination Marketing & Management* 3 (2014): pp. 18-28.

③ Estela Marine-Roig, "Tourism Analytics with Massive User-Generated Content: Case Study of Barcelona," *Journal of Destination Marketing and Management* 4, no. 3 (2015): 162-172.

认知。[①] 用户共创的低门槛也带来内容的良莠不齐和同质化倾向，海量的"低质"内容遮蔽了城市品牌所要传达出的深层价值和内涵。网红打卡地城市标签的泛滥，也会让游客沉溺于对网红潮流追逐，忽视了对城市文化内涵的体验。从西安永兴坊的"摔碗酒"，到长沙"茶颜悦色"网红奶茶，很难说用户在乎的是对当地特色景观的真实体验感，还是在互联网上跟风发帖，获得大量点赞、转发后的虚拟满足感。[②] 此外，城市的声誉管理也更具挑战性。一旦个人因为特殊经历对城市产生负面印象，并在社交平台上发表有关该城市的负面看法时，也能在顷刻间掀起有关城市的负面舆情，如青岛的"天价大虾"事件，[③] 足以抵消城市长久以来建立城市声誉的努力。

总体而言，用户共创符合互联网时代以用户为中心的品牌思维，强调用户的主体地位和用户的体验感受。但从城市管理部门的角度来看，用户也会讲述不同于城市品牌传播意图的故事。互联网媒体平台众多，形式多样，已经成为碎片化的媒体，跨渠道的高内容饱和也对用户提出了更高的认知要求，用户要么完全忽略城市品牌内容，要么对内容更有选择性。换言之，新环境下品牌内容和品牌体验的用户共创不一定必然带来用户对品牌的积极参与。[④] 城市管理部门需要制定与公众合作的战略，激发公众参与品牌传播，以维系和发展城市品牌，将品牌传播转变为"与公众建立关系并提供积极的品牌体验"。

二、激发用户参与"讲好城市故事"

在传统市场营销领域，"参与品牌"意味着"参与者"已经尝试过该品牌，

① 路娟、付砾乐:《"网红城市"的短视频叙事：第三空间在形象再造中的可见性悖论》,《新闻与写作》2021年第8期。

② 同上。

③ 《"青岛天价虾"事件舆情分析》,搜狐网,https://www.sohu.com/a/36435364_115692, 2015年10月19日,访问日期：2021年10月20日。

④ Don E. Schultz and James Peltier, "Social Media's Slippery Slope: Challenges, Opportunities and Future Research Directions," *Journal of Research in Interactive Marketing* 7, no. 2 (2013): 86-99. George Christodoulides, Colin Jevons, Jennifer Bonhomme, "Memo to Marketers: Quantitative Evidence for Change How User-generated Content Really Affects Brands,"*Journal of Advertising Research* 52, no. 1 (2012): 53-64; Constance Elise Porter, Naveen Donthu and William H. MacElroy, "How to Foster and Sustain Engagement in Virtual Communities," *California Management Review* 53, no. 4 (2011): 80-110.

喜欢到足以成为忠实的买家，如果他们足够外向和热情，还会愿意向朋友、邻居和同事提及该品牌，进行口碑传播。[①] 在互联网环境下，参与可以被定义为是品牌与公众共同创造品牌相关内容和社交体验的互利过程。[②]

公众参与可以被量化为针对城市品牌内容所采取的一系列可以衡量的行为：对内容做出反应（如喜欢、点赞、1—5评级）；对内容进行评论；分享内容；生产内容。城市品牌机构同样可以用"喜欢"、"心"和"+1"等互动方式来回应用户生成的评论，回复公众的评论，或者为公众提供更多的可供参与的内容，并通过提供更多可见性的方式对公众予以激励，让公众确定他们的声音已经被听到了。[③] 城市管理部门通过倾听和回应将"城市传播——公众接受、回应并提供后续对话"的被动参与过程变为"公众参与城市叙事的共同创作"主动参与过程（见图7-1）。

随着人工智能技术的发展，城市品牌的用户参与有了更丰富的形式和想象空间。城市的物理空间以及个体在空间内的活动以"互联网+"的形态被数字化。城市传播城市品牌的传统方式，如音乐节、体育赛事等各类节庆活动，成为将品牌融入用户在互联网创建和分享内容的新机会。文化活动连接了城市的物质空间、用户的现场文化实践和社交媒体平台数据之间的反馈回路。文化活动的现场艺术装置和表演提供令人难忘的审美和情感体验，激发用户的分享意愿，品牌方的网站、社交媒体账号引导用户进行分享，通过管理参与者的开放性和创造性能力，结合互联网平台的计算能力，来创造品牌价值。例如，澳大利亚最大的音乐节Splendour in the Grass曾让参加音乐节的乐迷佩戴可以连接到他们脸书账户的无线射频识别（RFID）芯片手环，乐迷可以一边走动一边在传感器点刷一下手环，脸书个人资料就会自动更新，提醒他们的朋友，他们在哪里以及在看什么。照片墙上有关音乐节的图片有超过70%是普通人上传的。社交媒体平台通过图像的颜色、光线或模糊度以及其他背景信息，如用户

---

① Amar Cheema cheema and Andrew M. Kaikati akaikati, " The Effect of Need for Uniqueness on Word of Mouth," *Journal of Marketing Research* 47, no. 3 (2010): 553-563.

② Victor A. Barger and James Warren Peltier. "Social Media and Consumer Engagement: A Review and Research Agenda," *Journal of Research in Interactive Marketing* 10, no. 4 (2016): 268-287.

③ *Ibid.*, pp. 270-271.

在音乐节上的表现，积累品牌瞄准用户最佳时机的数据，以便品牌在特定时刻推送吸引用户及收集这名用户粉丝的信息。同时，可以将信息存储为模板，以便用户将来在类似的文化背景或活动中随时调用。[1]

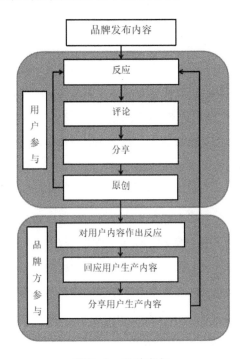

图7-1　品牌参与

资料来源：Victor A. Barger and James Warren Peltier, "Social Media and Consumer Engagement: A Review and Research Agenda," *Journal of Research in Interactive Marketing* 10, no. 4 (2016): 278。

在实践中，城市激发用户参与品牌的有效方式是使用数字化时代的口碑传播（Word of Mouth）："病毒式传播"。病毒式传播（Viral Communication）是通过激发用户关注品牌信息，吸引他们主动传播与分享，通过用户的在线社

---

① Nicholas Carah and Daniel Angus, "Algorithmic Brand Culture: Participatory Labour, Machine Learning and Branding on Social Media," *Media, Culture & Society* 40, no. 2 (2018): 178-194.

会关系网络使品牌内容像病毒一样传播、扩散。[1] 其传播原理基于"小世界理论"：个体拥有庞大的人际关系网络，任何两个陌生人之间最多通过六个人的联系就能认识彼此。[2] 互联网实现了对不同层级、不同权重的个人/群体/组织机构为节点的社会关系的网络化遍在连接。用户基于各自的兴趣、爱好、价值观，形成规模各异、又互相嵌套的圈层。当用户将某一信息推送给自己社交圈中的其他用户，其中一部分用户可能会再次转发这一信息，传递给他们加入的其他社交圈用户，信息得以快速复制，并像病毒一样传播和扩散至数以万计的受众。[3] 病毒式传播的核心在于促成用户的主动传播与分享：当在线内容具有较高的新奇性、趣味性和实用性，满足了用户获得自我强化、社会联结和利他的心理动机，引发用户积极或消极的情绪反应时，用户会倾向于分享网络内容。[4]

病毒式传播被成功应用于城市品牌传播。经典案例是澳大利亚昆士兰州发起的"世界上最好的工作"活动。昆士兰州在全球18个国家发布了寻找一名大堡礁岛屿看守人的广告，看守人的工作是探索岛屿、游泳、浮潜，与当地人交朋友并享受昆士兰的热带气候和生活方式，能获得为期6个月的15万澳元的薪水，以及一栋带游泳池的三居室免租金别墅。这份工作在广告中被描述为"一生一次的机会"。求职者被要求提交一个60秒的视频，概述他们应该被选中的原因。活动网站在当天一个小时内就获得了400万的点击量，六周后收到35 000份视频申请。这场运动通过网友转发和分享不仅在互联网上赢得了巨大

---

① Maria Petrescu and Pradeep Korgaonkar, "Viral Advertising: Definition Review," *Journal of Internet Commerce* 10, no. 3 (2011): 208-216.

② Jeffrey Travers and Stanley Milgram, "An Experimental Study of the Small World Problem," *Sociometry* 32, no. 4 (December 1969): 425-443.

③ 张强：《病毒式网络传播特点及一般规律》，《当代传播》2012年第2期。

④ 自我强化是指用户通过分享那些与自身相关、优质且独特的内容，来彰显自己的品味、技能和学识等，进而塑造良好的自我形象；社会联结保证了人们在互相分享共同感兴趣的在线内容时，拉近彼此关系，加强社会联结，维持关系网络；而利他动机则凸显了人们对增加个人存在感社会效益的愿望。参见 Jonah Berger and Katherine Milkman, "What Makes Online Content Viral?" *Journal of Marketing Research* 49, no. 2 (2012): 192-205；刘伟：《刷屏的原理：在线内容的病毒式分享机制》，《心理科学进展》2020年第4期。

的关注，而且成功带来了传统媒体的报道，产生了6 000条新闻故事。[1]

日本熊本县也通过以熊本熊萌系文化为主导的城市品牌化战略，重塑了城市形象。[2]病毒式传播在其中起到了关键作用。与全球绝大多数城市形象传播的不同，熊本县城市形象传播的独特之处在于：基于对自身自然、历史和文化资源的整合，打造了熊本县的吉祥物和代言人——熊本熊。熊本熊的名字来自熊本县的日文"Kumamoto"和当地方言对"人"的发音"mon"组合而成的"kumamon"，直接含义是"熊本人"，意为"熊本熊"是熊本县人。熊本熊代表了熊本县的历史与文化特性：熊本县著名的阿苏山火山岩浆凝结后是黑色，黑色是古城熊本城的主色调，所以黑色也成为熊本熊身体的颜色。熊本熊微笑的嘴巴、短臂、圆滚滚的身体都是能够触发舒适、温暖、温柔等情感的设计。经典的日本卡通形象，如皮卡丘、机器猫，一般都有一对腮红。熊本熊也有一对腮红，但熊本熊的腮红还具有代表地方特性的意义：红色与熊本县"火之国"的身份相匹配，代表熊本县产的西瓜、番茄等农产品的颜色，也代表熊本县人民的热情。虽然是卡通形象，但设计师为熊本熊赋予了人的性格：年龄5岁，性别是男孩（个人网站特意标注自己是男孩不是男人），被正式任命为熊本县公务员，担任推广部长和幸福部长两个职务，可爱的外表，幽默、活泼开朗的性格与呆萌的表情，夸张、笨拙的举止形成了反差。就像普通人经常会犯错一样，熊本熊也会犯下无伤大雅的小错：会摔倒、与别的吉祥物争执、说几句"狠话"等，反而增加了亲和力。熊本熊形象及其"人设"既成功融入了熊

---

①　Eran Ketter and Eli Avraham, "The Social Revolution of Place Marketing: The Growing Power of Users in Social Media Campaigns," *Place Branding and Public Diplomacy* 8, no. 4 (2012): 285-294.

②　熊本县位于日本九州岛东部地区，三面环山，63%的土地为森林所覆盖，有温泉、火山等享誉世界的著名自然风光和丰富的日本战国历史文化。农业和渔业资源丰富，盛产西瓜、番茄等红色农产品，是农业大县，但第二、第三产业较为落后，本地缺少就业机会，在实施城市品牌战略之前一直处于日本经济发展的边缘地带。熊本县利用自身禀赋使自己区别于日本工业文明大行其道、商业繁华的现代城市群落，将熊本县定位于"火之国"。熊本县给出的官方阐释是："火之国"有三层含义，一是熊本县境内拥有世界上最大的重叠式活火山——阿苏山；二是出现在深夜海上的神秘火光，传说中的景行天皇曾靠着火光平安抵达熊本；三是日本历史上第一位可考的天皇，崇神天皇（公元前148—前30年）将此地封为"火国"。虽然故事真伪无从考证，但作为城市品牌故事为熊本县形象增加了几分"历史感"和"根基感"。参见熊本县官网：https://www.pref.kumamoto.jp/，访问日期：2021年8月10日。

本县的特质，又回应了公众在当今快节奏、高压力社会环境下的情感需求。区别于"科技""未来""高速"这些用以界定城市身份的标语，熊本县选择做一个"幸福"的地方——远离大都市喧嚣，寻找内心的宁静和幸福。熊本熊就是那只为大家寻找幸福、带来幸福的小熊。①

熊本县有了熊本熊的品牌形象后，为了打开知名度，和专业公关公司合作首先于2010年策划了"熊本熊失踪"事件。当时还是熊本县临时公务员的熊本熊负责前往大阪市街头分发1万份熊本熊名片，名片上印着"生于熊本，长于大阪""我姑且算公务员""我来大阪做生意，请多多关照""希望变得越来越有名，有名到有假货来冒充""其实我很敏捷"等有趣的内容。在工作期间，熊本熊被大阪美食吸引而失踪。熊本县知事召开新闻发布会，请日本民众帮助寻找失踪的熊本熊，一旦发现熊本熊在大阪的行踪就可以通过社交媒体进行报告。这次成功的事件营销令熊本熊和熊本县在日本国内获得了广泛关注。2013年，熊本县再次策划了一起"熊本熊腮红丢失"事件营销，巧妙地推广了熊本县农产品。熊本县在线发布了熊本熊腮红丢失的短片，紧急求助网民帮助熊本熊寻找腮红。形成公众的关注热点后，熊本县揭开了"谜底"：腮红跑到了熊本县红色的草莓、西瓜和番茄上。② 熊本熊的两次事件营销成功"圈粉"。他们出于对熊本熊的喜爱，积极传播熊本熊的一举一动和各种主题活动，甚至为熊本熊设计、发明了一套专用"语言"，在推特、脸书等社交媒体上产生了多个二次传播中心，建立了在线品牌传播"共鸣—认同—参与—共享"四个阶段的良性循环。③

第二节　网络传播的关键节点

公众参与是城市形象网络传播的动力机制。但是，不同类型用户对城市品牌参与度的贡献是不同的。病毒式营销的基本假设就是：通过选取少数种子选

---

① 熊本熊官网：https://kumamon-official.jp/kiji0031657/index.html），访问日期：2021年8月10日；熊本熊广场网：https://www.kumamon-sq.jp/en/，访问日期：2021年8月10日。

② 熊本県庁くまモンチーム『くまモンの秘密』，幻冬出版社，2013，第55—60页。

③ 付婷：《基于SIPS模型的故宫博物院融媒体传播策略分析》，《今传媒》2021年第2期。

手，借助他们的影响力即可将产品、观念扩散开来。①互联网平台上，公众基于兴趣爱好、职业或者价值观念形成了规模各异、类型众多的在线社群。网络意见领袖是能够影响不同社群的关键节点。

一、网络意见领袖与北京国际形象传播

网络意见领袖（Key Opinion Leader，KOL）与传统意见领袖（Opinion Leader）既有联系又有区别。

（一）网络意见领袖的定义、功能与分类

意见领袖，也称舆论领袖，是与媒介关系密切，频繁地接触报刊、广播等媒体信息，在人际传播网络中非常活跃，经常为他人提供信息、观点或建议，并对他人施加个人影响的那类人群。意见领袖在购物、流行、时事等各个领域中是普遍存在的，均匀地分布在社会各个群体和阶层中，每一个群体都有自己的意见领袖。意见领袖也不是固定的。时空条件、人际关系、社会地位、人员背景等因素的改变都可能促使意见领袖从影响者变为被影响者。②意见领袖具有重要的作用。这是因为他们不但消息灵通，所传播的信息数量和质量较高，还具有一定的分析和判断能力，能够从事件和问题的表象中解读出深层的价值和含义，"见人之所未见"。因此，意见领袖一般具有较高的信誉，即公众认可他的品德和人格，认为其所言所行具有一定的公信力。否则，一个人即使消息灵通，分析得当，如果公众怀疑其品德，就会进而怀疑其所表达的内容。意见领袖指出某个问题并发表意见，公众受其影响接受他们对某一议题的分析与判断，进而带来信息与意见的大范围传播，形成舆论态势。③

互联网时代衍生出"网络意见领袖"的概念。网络意见领袖，又称关键意见领袖，是那些活跃于网络社区，能对某一公共议题进行个性化信息解读，为网民提供权威的信息导向和认知方向的网络信息轴心人物。④网络意见领袖的

---

① 王祯骏等：《基于社交内容的潜在影响力传播模型》，《计算机学报》2016年第39卷第8期。
② 孙庚主编《传播学概论》，中国人民大学出版社，2014，第161—162页。
③ 韩运荣、喻国明：《舆论学：原理、方法与应用》，中国传媒大学出版社，2013，第69—72页。
④ 陈锦萍：《网络意见领袖道德想象力》，博士学位论文，大连理工大学，2016，第31页的

突出特点在于能够在海量、复杂的网络信息中，提炼出简约化、有价值的信息，从而引导网民形成观点和意见，因此被视为网络场域信息传播的关键节点。此外，网络意见领袖还能借助互联网的时效性、交互性等特点，与受众进行实时关联及个性化互动，进一步扩大在网络社群内的影响力，成为影响网络舆情的重要力量。

网络意见领袖群体组成较为复杂。根据不同的标准可划分为不同的类型。一般而言，根据发挥影响力的领域和关注的话题可划分为专业领域型、公共事件型以及娱乐明星型。[①]专家型意见领袖往往具有丰富的知识储备以及良好的表达力，关注对特定问题探讨，具有较高的公信力和权威；公共事件型意见领袖目光聚焦在某些突发事件和公共议题上，其中包括一些网络草根意见领袖，其非精英的身份更易受到网民的青睐；[②]娱乐明星型的网络意见领袖一般拥有大规模的粉丝群体和群众基础，除了引领潮流和时尚，也会通过提供新奇和独特的观点内容，获得广泛的关注与认可，其中各类新兴的网红就是典型代表。

根据粉丝数目的多寡及相应的影响力大小，关键意见领袖可以分为三个级别：尾部网络意见领袖，粉丝数在 5 000 至 50 000 的规模；腰部网络意见领袖，粉丝数在 50 000 至 500 000 的规模；头部网络意见领袖，粉丝数大于 500 000 的规模，俗称网络大 V。头部网络意见领袖与腰部和尾部的网络意见领袖的分布呈二八法则，各个垂直领域内排名前 20% 的头部网络意见领袖吸聚了 80% 的注意力。只有少数网络意见领袖，如未被封号前的特朗普账号，泛娱乐化的好莱坞名人，@李子柒这样的大网红具有跨领域的影响力。

（二）头部意见领袖的光环效应

头部网络意见领袖的构成主体是现实世界中的名人，往往也是政治领袖、商业精英、文化名流，他们在各自的国家，甚至世界范围内都享有很高的声誉，会带来名人效应，即名人所形成的引人注意、强化事物、扩大影响的效应。关注头部网络意见领袖，利用名人的光环效应，能够提高信息传播的渗透率。

---

① 余树英：《不同类型网络意见领袖的影响力及发生机制》，《中国青年研究》2018年第7期。
② 陈然：《网络意见领袖的来源、类型及其特征》，《新闻爱好者》2011年第24期。

　　例如，北京冬奥会期间，国际奥委会主席巴赫"现身"2022北京新闻中心云聚展区，向媒体记者"云拜年"，他用"无可挑剔"形容2022北京新闻中心，"感谢2022北京新闻中心为全球媒体记者所做的安排，让全球观众可以感受到北京冬奥的精彩"，引发报道呈现传播高潮。[1]日本花样滑冰选手羽生结弦被奥林匹克委员会及国际滑冰协会誉为史上最伟大的花样滑冰选手之一，深受中日两国民众喜爱。他的"铁粉"在推特等国际社交媒体平台上专门为其开设了账号，追踪报道他的各项活动。冬奥会期间，国际奥委会执行委员会会议决定，北京冬奥会及冬残奥会不面向境外观众售票，仅面向境内符合疫情防控相关要求的观众售票。日本民众在社交媒体平台发声，"现场加油，就拜托中国观众了"，得到了中国驻日大使馆推特账号的回应："写给羽生结弦粉丝们，我看到（有日本民众）发声，交给我们吧！此外，感谢对中国新冠防疫措施的理解。（中国）将在（北京）冬奥会、冬季残奥会上为包括日本在内的各国参赛运动员加油助威。继（日本举办）东京奥运会之后，（中方）也会为了北京冬奥会成功举办而努力。"中国外交部发言人华春莹也转发了这一推文，巧妙地借助了羽生结弦的名人效应，宣传了北京冬奥会。[2]

　　据笔者对推特社交媒体平台数据的连续监测，在北京举办的中国（北京）国际服务贸易交易会、北京国际电影节等众多国际论坛、赛事和活动中，参加活动的相关国家各界名流，如企业家、艺术家、知名记者、体育明星都会用自己的社交媒体账号发布相关推文。北京或可考虑采用更为积极传播策略与网络大V进行互动，扩大相关活动的传播效果。

　　（三）"洋网红"视角下的北京国际形象

　　头部网络意见领袖有最大的粉丝规模与号召力，利用其影响力使用于早期引爆话题，达成"出圈"；数量中等与影响力也中等的腰部网络意见领袖是性价比最高的，也有能力传播有深度的内容，更适合在垂直领域针对更理性诉求

　　[1]　鲍聪颖：《巴赫向2022北京新闻中心记者"云拜年"》，人民网，2022年2月7日，http://bj.people.com.cn/n2/2022/0207/c339781-35124469.html，访问日期：2022年2月7日。

　　[2]　林泽宇、侯佳欣：《日本"花滑王子"羽生结弦粉丝拜托中国观众的这件事，华春莹发推回应》，环球网，2021年10月2日，https://world.huanqiu.com/article/450KAJrLKG3，访问日期：2022年2月7日。

进行深度传播，提升说服力与可信度；而数量最为博大的长尾网络意见领袖，虽然不具备前两类网络意见领袖的强说服力，但是其追随者范围极广，在信息扩散与引领互动话题上有独特优势。[①] 在北京生活、工作、学习或者曾经与北京以各种方式有过交集的国际公众中涌现出了一批素人博主，俗称"洋网红"。这些"洋网红"在现实中的年龄、身份、职业不同，但是都关注北京发展。他们大多数处于网络意见领袖中的腰部和尾部，所创作的作品主题鲜明，充满人情味，并且因为同粉丝群体存在文化、地域和心理上的接近性，增强了国际公众对北京的了解、兴趣和向往，有效地传播了北京的国际形象。

以油管平台上进行涉京内容创作的"洋网红"为研究对象，笔者通过两种方法进行了数据搜集：一是在节点影响者（noxinfluencer）、蜂鸣（buzzsumo）、高音（hypeauditor）和渠道爬虫（channelcrawler）等多个跨境第三方网红查找工具平台，以"beijing"为关键词进行搜索，获得第三方平台收录的"洋网红"的汇总信息。二是利用谷歌的高级指令抓取含有"beijing"的油管页面，从与北京相关的创作作品页面追踪到相关创作者。最终结合人工筛选，整理确定了粉丝数在1万以上的26名"洋网红"（见表7-1）。[②]

表7-1 油管平台创造北京内容的"洋网红"

序号	国别	账号	性别	领域
1	巴基斯坦	Mahzaib Vlogs	女	生活
2	韩国	Seo in Beijing	女	生活
3	巴基斯坦	RIDA ZAYN VLOGS	女	生活
4	印尼	Tjhen Wandra	男	语言
5	智利/中国	Ni Hao Cassandra·康珊	夫妻	生活、旅行
6	荷兰	GoYvon	女	生活、旅行
7	美国	星悦小美女 PKU Lila	女	文化、社会、生活
8	澳大利亚	Blondie in China	女	生活、旅行
9	英国	Barrett	男	生活
10	美国	Jerry Kowal 我是郭杰瑞	男	生活

---

① 艾瑞咨询《中国KOL营销策略白皮书》，2019年，https://report.iresearch.cn/report_pdf.aspx?id=3346，访问日期：2021年10月22日。

② 除了根据粉丝数量，笔者还去掉了在油管平台面向中国国内民众进行传播的国外博主。

序号	国别	账号	性别	领域
11	德国	Thomas阿福	男	生活、社会文化
12	英国	The China Traveller	男	生活
13	英国	Living in China	男	生活、社会文化
14	英国	Nico	女	生活
15	美籍黑人	Aleese Lightyear	女	生活
16	韩国/美国	OneWorld2Hearts	夫妻	生活
17	韩国	김준범 총경리	男	科技、生活
18	罗马尼亚	Voicu Mihnea - Profu' Psiholog	男	心理、教育
19	美国	FUNG BROS.	男	喜剧、旅行、美食
20	澳大利亚	Boni Amin	女	生活、旅行
21	美国	Collin Abroadcast	男	旅行
22	意大利/中国	Luca&Rachele 路卡和瑞丽	夫妻	生活、文化、旅行
23	墨西哥/中国	Mexicanos en China	夫妻	生活、旅行、文化
24	美国	Katherine's Journey to the East 阳离子东游记	女	社会文化
25	英国	Best China Info	男	文化、生活
26	加拿大	Gweilo 60	男	文化、生活

资料来源：作者整理。

在2021年7月11日至10月11日，对26位"洋网红"上传的所有视频进行筛选，其中与北京相关的视频有62条。统计分析发现：

第一，从选题上看，软性的社会文化主题所占比例接近全部内容的80%，涉及经济和政治类主题的内容较少（见表7-2）。

表7-2 "洋网红"创作视频主题统计

主题	视频数量	占总样本比例（%）
经济	5	8
政治	8	13
社会文化	49	79

资料来源：作者整理。

从表中可以看出"洋网红"视频创作者在创作选题中更偏向社会文化类主题。这类主题的创作门槛较低，更贴近自媒体创作者的生活。相关视频广泛涉及北京的美食、人文景观、风俗技艺、语言文字等。美食主题占比最多。食物与人们的生活息息相关，北京有着丰富独特的美食。网友对食物的情感以及不同饮食文化的好奇很快能在跨文化传播中引发共鸣与关注。如居住在北京的澳大利亚博主@Blondie in China带领男友体验炸焦圈、炸酱面、"黑暗料理"豆汁儿等北京特色小吃。这条视频一个月内获得13万次观看与566条评论。北京的故宫、颐和园等风景名胜，京剧表演、景泰蓝制作工艺等多项非物质文化遗产和北京独特的文化元素也都在"洋网红"的视频中得到了生动展现。

经济主题的创作细化为北京基础设施、科技制造两大类别。创作者到北京地铁线、中关村百度公司等地方进行实地体验，展现了北京先进的基础设施建设、北京产业转型优化、科技"智造"等城市"亮点"。在北京私立中学任教的美籍老师@ Aleese Lightyear参观了位于北京海淀区的百度大厦，展现了百度公司语音识别互动等方面的科技产品，分享了乘坐百度无人驾驶汽车的体验。视频记录了百度无人驾驶汽车在园区内路段行驶的全过程，包括直行、转弯、变道、行人识别、定点停车等多项技术。这类视频以小见大，通过"洋网红"的所见所闻所感细致入微地表现了北京市不断发展、充满活力的城市特点。

政治主题是"洋网红"视频制作中占比较小，但是非常重要的一类主题。如前文所述，根据推特平台的数据监测显示，北京在推特平台上仍然主要是代表中国的政治符号，国际新闻媒体在推特平台上的账号仍然保持了这类主题上的话语权。"洋网红"制作的视频在相关议题上更为中立、客观，并且他们以非官方身份发表的观点和立场更能获得公众理解和认可。加拿大博主@Gweilo 60在一则视频中讨论了台湾问题。他介绍了台湾问题的由来，通过梳理历史脉络强调了"台湾是中国不可分割的一部分"。他呼吁美国以及其他国家的民众换位思考，美国给台湾提供武器以及煽动台海紧张局势是干涉中国内政的行为，必然会刺激中国国内民众的不满。"洋网红"政治主题的创作数量相对较少，但在创作上能以历史客观事件为论据，客观、中立、理性地探讨涉华舆论的热点问题，并引发了较高关注与讨论。@Gweilo 60这条视频获得

1.2万次播放，评论多达500余条，并且多为中立和正面意见。

第二，从传播策略上看，"洋网红"创作的视频具有感染力。"洋网红"创作的视频镜头往往采用第一人称视角与全知视角的结合，帮助观看者强化体验感，准确地传递出这条视频的核心信息，表达丰富的情感，提升了视频的感染力。短视频的封面往往需要展示视频内容的核心，创作者在封面选择中也往往体现出这种代入感与体验性强的创作手法。以 @ GoYvon 的视频为例。她创作的视频封面具备三个要素：颜色鲜艳、字号较大的简洁文字点明此次视频的主题，呈现一个引人瞩目的独特场景，以及微笑和开放式姿态的博主本人作为视频封面的主角，调动起受众积极、愉悦的情绪，让体验类视频的传播效果得到最大限度的发挥。

图7-2　@GoYvon 的视频封面

资料来源：作者整理。

第三，从传播效果来看，视频得到了国际公众的正面评价，并转化为对北京城市的正面认知。洋网红拍摄视频的受众多为外国公众，他们对视频的评价多为积极评价。"love""happy""thank"等表达喜爱与感谢的词语是最为常见的评论，"爱心""微笑"等表情包的广泛使用也传递出正面情感。虽然洋网红并非专业的官方传播机构，他们制作的视频里有50%以上的视频并不直接提及北京，也没有明确的意识要强化"北京"这一标签，但是他们的粉丝对他们的喜爱及对其制作视频的认可，也有效转化为对北京城市的正面评价，如"观看美食之旅对我来说太有意思了，北京的历史也是如此"（I had so much fun watching the food adventure as well as Beijing's history），"北京早餐推荐太赞了！我爱这座城市！"（Fantastic breakfast food recommendation in Beijing！ I like this city！），等等。

"洋网红"对北京国际形象的传播显示：

第一，北京需要对国际公众进行细分和差异化，以便战略性地运用资源并优化形象传播效果。

第二，"洋网红"所表现出的积极传播行为，有助于北京识别和跟踪国际公众所遇到的问题。北京应通过跟踪国际公众面临的议题的长期性和波动性，并相应地管理这些议题，建立和培养与国际公众的长期关系。

第三，与其向不感兴趣的人宣传北京，不如倾听有兴趣的公众所表达的意见并与之积极互动。一个城市的媒介符号形象难以改变，并且很可能会随着时间的推移而得到加强，但是个体基于自身行为经验分享对城市的个性化体验而非刻板印象，对纠正或改变国际公众有关城市的负面印象是不可或缺的。

北京或可根据积极/消极符号环境和积极/消极个体行为经验的四分象限，更好地进行目标公众识别，并采用相应的传播策略，来加强和培养与目标公众的长期关系（见图7–3）。

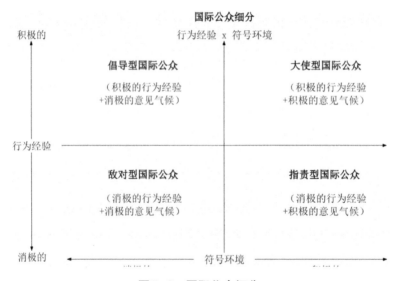

图7–3　国际公众细分

资料来源：Lisa Tam and Jeong-Nam Kim, "Who Are Publics in Public Diplomacy? Proposing a Taxonomy of Foreign Publics as an Intersection between Symbolic Environment and Behavioral Experiences," *Place Brand Public Diplomacy* 15 (2019) 28-37。

二、组织机构参与北京国际形象传播

互联网环境下，组织机构也可以参与城市形象传播。例如，有部分企业不仅关注高质量的产品生产，还注重在人、城市和产品之间建立联系，建立企业的非物质性、象征性价值。因为地方品牌可以提供与意义、记忆和价值相关的强大关联，企业将城市品牌视为"城市如何通过其元素的组合进入企业产品"，是在人、城市、企业产品之间产生联系的重要方式。特定的地点，例如产品是在何处发明、设计、制造或销售的，可以在产品品牌、产品的差异化过程中发挥关键作用，帮助建构企业产品的品质保证与信誉。例如，加拿大著名品牌加拿大鹅（Canada Goose）将加拿大极端寒冷和崎岖地形与其高品质的豪华户外服装联系在一起。[1]

在社交网络上，企业通过建立与其所在城市的明确联系来讲述品牌故事，在强调品牌全球化和国际愿景的同时，也会使用具有地方特色的城市景观图像强调品牌与特定地域的关联。例如，哈德逊湾百货公司（Hudson's Bay Company）使用恢宏的国家建筑景观图像来彰显其四百年的悠久历史和遍布加拿大各地的庞大零售业务。在社交媒体图片墙（Instagram）上，哈德逊湾百货公司账号所发布的图片是加拿大北部的乡村景观和与哈德逊湾百货商店有联系的城市景观，大多数图片都突出了哈德逊公司曾作为交易商的历史，同时也凸显公司富有冒险精神的探索者形象，这些图片在记录公司品牌疆域扩张的同时，也显示了加拿大的边界和地理环境的变化。还有年轻的新锐公司在社交媒体账号上发布的图片以简洁明了的设计致力于创造带有加拿大特色的新景观，体现对时尚的全新和现代理解。[2]

北京也有类似有潜力的组织机构或可在城市品牌传播中担任重要角色。例如在冬奥会期间广受关注的北京首钢园。首钢园建设体现了北京低碳城市理

---

[1]　Andy Pike, "Economic Geographies of Brands and Branding," *Economic Geography* 89, no. 4 (2013): 317-339.

[2]　Taylor Brydges and Brian J. Hracs, "Consuming Canada: How Fashion Firms Leverage the Landscape to Create and Communicate Brand Identities, Distinction and Values," *Geoforum* 90 (Mar.u 2018): 108-118.

念。20年前，首钢的炼钢炉的废气排放对空气造成污染，在2008年夏季奥运会期间，出于北京市经济结构调整和控制污染的目的，北京市政府决定禁止所有重工业进入北京。首钢园重新利用老化的基础设施，最终建为"绿色生态示范区"，并向城市新兴的综合性体育、旅游与文化中心转型。笔者对LexisNexis新闻数据库中207篇涉及首钢园的国际媒体报道分析发现，国际舆论高度肯定了首钢园的改造成果：北京将一座废弃的、冒烟发臭的钢铁厂变为风景如画的工业迪士尼乐园，认为首钢园的发展浓缩了中国的历史，是城市更新努力的丰碑。在北京冬奥会期间，首钢园尤其是大跳台的设计与风格得到了国际社会的关注。国际媒体在报道运动员在首钢大跳台比赛的表现时，多会指出首钢大跳台是由废弃钢铁厂改造而来，是世界上唯一一永久性的大型空滑雪跳台。运动员在赛道上仿佛是从雪山上滑下来，但在城市中心巨大的灰色塔楼和其他混凝土结构的背景下完成高难度动作。这一独特的场景通过国际媒体的报道给全球公众留下了深刻印象。北京首钢园目前入驻了众多文化机构、创新型企业。激发中国本土和国际企业、机构将自身品牌传播与首钢园作为"新时代首都城市复兴新地标"特质联系在一起，或可形成更具规模的传播效应。例如，人工智能和人形机器人企业优必选与首钢园签约，优必选智能巡检机器人ATRIS（安巡士）为首钢智慧园区提供智能安防支持。优必选集团向全球新闻媒体积极推送了多篇新闻稿件，传播了企业品牌的同时，也传播了首钢园的高科技形象。

第三节　全渠道整合传播

互联网环境下，公众接触、了解品牌，与品牌互动，并分享品牌信息的方式日益多样化，公众的品牌体验并不局限于一个或者多个渠道，而是使用无缝连接的传统媒体、社交媒体、线下交流，从实体宣传到电视广告，从网页宣传到社交媒体平台传播。公众不断吸收、比较从不同渠道获得的信息，同品牌在各个接触点发生实时互动，因此城市管理部门需要采用全渠道整合（Omni-channel Integrated Communication）的思路对信息通路进行管理。

一、全渠道整合传播

全渠道整合传播的理念来自市场营销学领域的全渠道整合营销，是多渠道营销和整合营销的结合体。前者意指"通过两个或更多的渠道来同步进行沟通、提供商品与服务"[①]，后者则强调以受众为导向，系统性结合各种营销工具，以保证各平台的信息一致性为核心原则。[②] 因而，全渠道营销便可被定义为"对众多渠道和用户接触点进行协同管理，以使用户的跨渠道体验和品牌跨渠道表现得到提升"的一种营销方式，[③] 相较于多渠道营销，它的信息统合能力、渠道间联动能力更强，相较于整合营销，它在讲好品牌故事、渠道联动的基础上进一步追求为用户打造顺畅、无缝衔接的跨渠道体验。

大多数企业品牌都已对全渠道营销的优势有所共识，其所能带来的实际效果包括但不限于更为优质的用户体验、更为突出的品牌形象、更具凝聚力的受众群体、利润增加、更为精准有效的数据分析等。举例来说，华特迪士尼公司为其客户提供了真正全渠道体验，一方面，其网站建设良好、功能齐全，更重要的是在 PC 端和移动端都运行顺畅、便于使用；另一方面，消费者还能利用各种各样的专门应用程序来规划行程、同园区中所有服务进行互动，且各渠道之间的数据完全互通。[④] 目前，全渠道营销的应用主要集中在零售业和服务业方面，引导客户购买商品和服务并使其对品牌形成依赖、产生惯性，以打造长久的"回头客效应"，实现用户体验优化和品牌形象传播间的良性互动乃是其终极目的。全渠道整合传播不仅仅是一种战术工具，还是对众多可用渠道和

---

① Arvind Rangaswamy and Gerrit H. Van Bruggen, "Opportunities and Challenges in Multichannel Marketing: An Introduction to the Special Issue, *"Journal of Interactive Marketing* 19, no. 2 (2005): 5-11.

② Sandra Moriarty, and Don Schultz, "Four Theories of How IMC Works", in *Advertising Theory*, ed. Shelly Rodgers and Esther Thorson (New York: Routledge, 2012), pp. 491-505.

③ Peter C. Verhoef, Pallassana K. Kannan and J. Jeffrey Inman, "From Multi-channel Retailing to Omni-channel Retailing: Introduction to the Special Issue on Multi-channel Retailing", *Journal of Retailing* 91, no. 2 (2015): 174-181.

④ Clint Fontanella, "What is Omni-Channel? 20 Top Omni-Channel Experience Examples," HubSpot, February 1, 2022, accessed February 20, 2021, https://blog.hubspot.com/service/omni-channel-experience.

公众与品牌接触点的协同管理，是以"受众为导向，战略性地管理利益相关者、内容和品牌传播计划的结果"，[1]关注公众如何获取信息并完成体验、满足需求。

对于城市品牌而言，全渠道营销有值得借鉴之处。因为全渠道营销不仅是从公众"选择"的角度去看待品牌的接触点，还是基于公众的选择对品牌接触点和传播机会的协同整合。其目的是创造统一的品牌体验，是对城市管理部门组织结构、组织文化、跨部门沟通、信息共享和技术资产等方面能力的提升。[2]关乎管理部门是否能够在交互式环境下将可用的工具和平台统合起来为公众创建一个真正个性化的信息获取和使用环境，提供模糊线上和线下的区别的、无缝联结的全渠道体验。[3]在这一理念下，城市既要以多渠道、不同的方式呈现一致性的城市形象，同时又要根据特定传播场景下的特点与变化，巧妙地调整传播策略。对城市管理部门而言，要抓住能够接触目标公众的关键触点，有效地传播信息，激发公众参与，并以全渠道整合传播战略统一渠道与信息，管理公众对城市的品牌体验。具体来说，首先，应在各个渠道打造城市与宣传受众的接触点，如门户网站、官方社交媒体账号、点击付费广告、搜索引擎优化、电子邮件推送等，同时可以创建一个专门的应用程序来为城市的潜在关注者、实际到访者提供一个全方位信息发布平台和实时旅游服务引导。其次，应注意增强城市形象管理相关机构内部的信息共享，以求发布内容呈现高度一致性，但需避免过度使用模板内容，宜针对不同渠道自身传播特点和用户画像在维持核心内容的基础上对措辞和形式做出一些修改。最后，在完成一系列相关建设和内部管理规划后，应不断从受众视角评估全渠道营销实效、城市

---

[1] Elizabeth Manser Payne, James W. Peltier & Victor A. Barger, "Omni-channel Marketing, Integrated Marketing Communications and Consumer Engagement: A Research Agenda," *Journal of Research in Interactive Marketing* 11, no. 2 (2017): 185-197.

[2] Shannon Cummins & James W. Peltier, "Omni-channel Research Framework in the Context of Personal Selling and Sales Management: A Review and Research Extensions," *Journal of Research in Interactive Marketing* 10, no. 1 (2016): 2-16.

[3] Richard A. Rocco and Alan J. Bush, "Exploring Buyer-seller Dyadic Perceptions of Technology and Relationships: Implications for sales 2.0," *Journal of Research in Interactive Marketing* 10, no. 1 (2016): 17-32.

信息活跃度、平台联动紧密程度、各工具用户友好程度。同时，注意研究相关问题反馈以持续落实改进，为城市品牌吸引更多关注，培养有凝聚力的受众群体，实现城市形象和传播能力的整体提升。

二、城市品牌的全渠道传播管理

就北京国际形象传播的现状而言，可以考虑从城市品牌形象信息的可达性、流动性与接受度出发，切实提升传播效果，统合管理城市品牌内容接触公众的信息触点（见图7–4）。

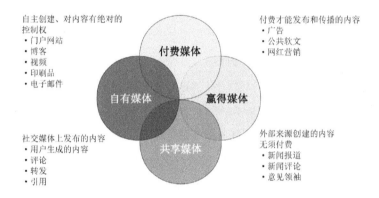

图7-4　北京城市品牌传播渠道类型

资料来源：作者整理。

其中，"自有媒体"指自主创建的，对其拥有控制权的各种网站、账号等。[①] 自有媒体专门为某一品牌所创建，并在个人拥有的网站或其他传播渠道上发布内容。其中包括帖文、视频、音频、品牌故事等在内的任何内容都可被视为自有媒体资产。[②] 自由媒体上的内容可以完全由品牌方决定。

---

①　Quan Xie and Marlene S. Neil, "Paid, Earned, Shared and Owned Media From the Perspective of Advertising and Public Relations Agencies: Comparing China and the United States," *International Journal of Strategic Communication* 12, no. 2 (2018): 802-811.

②　Valerie Turgeon, "PESO Model for PR: Paid, Earned, Shared, Owned Media," accessed November 08, 2021, https://www.brandpoint.com/blog/earned-owned-paid-media.

"付费媒体"是指在其他媒体平台展示并收取费用的媒体内容，[①] 如软文内容、赞助内容、社交媒体广告等。付费渠道一般包括电视、广播、印刷媒体等，在网络领域则包括一些网络广告，如脸书、推特上的点击付费的广告等。付费媒体是一种接触新受众的有效方式，能够更好地定位和控制消费者，使自己的内容最大限度地被目标受众看到。[②]

"赢得媒体"是指由他人创造的与自身品牌、产品和服务相关的内容。换言之，就是自己的品牌在其他网站或媒体渠道获得的报道，这些报道和宣传内容位于其他网站和账户上，不为个人所有。"赢得媒体"可以呈现为多种形式，如被相关报道引用或提及，出现在其他相关的社交媒体评论或采访中。[③] 一般而言，当品牌拥有良好的口碑，并获得第三方认可时，就会获得被他人报道和提及的机会，因此，对于"赢得媒体"首要的就是建立广泛的媒体关系。[④]

"共享媒体"一般来说是指任何发布在社交媒体上的关于本品牌的内容，如在推特、脸书和图片墙（Instagram）等社交平台上发布的允许用户评论、分享和参与的内容。共享媒体通常采用可编辑的形式，向用户提供免费的访问权限，允许用户进行共同制作和内容共享。[⑤] 因此意味着产品的信息由组织和用户共同决定，一方面，品牌信息可以借助社交网络获得广泛传播、提升知名度；另一方面，任何微小误差都可能给品牌造成巨大影响。

对四类媒体的综合运用，能够切实提升北京城市形象的传播效果。以国际

[①] "Owned, Earned, Paid & Shared Media", *Meltwater*, accessed November 08, 2021, https://www.meltwater.com/en/blog/owned-earned-paid-shared-media.

[②] Jens Mattke, Lea Müller and Chritian Maier, "Paid, Owned and Earned: A Qualitative Comparative Analysis revealing Attributes Influencing Consumer's Brand Attitude in Social Media", *International Journal of Strategic communication* 12, no. 2 (2018): 160-179.

[③] What Is The Difference between Paid, Earned, Owned, and Shared Media? accessed, November 13, 2021, https://www.merchantcapital.co.za/in-the-news/what-is-the-difference-between-paid-earned-owned-and-shared-media.

[④] "What's the Difference between Earned Media, Shared Media, and Owned Media?" *Axia Public Relations*, accessed November 08, 2021, https://www.axiapr.com/blog/whats-the-difference-between-earned-media-shared-media-and-owned-media.

[⑤] Jim Macnamara, et al., "'PESO' Media Strategy Shifts to 'SOEP': Opportunities and Ethical Dilemmas," *Public Relations Review* 42, no. 3 (2016): 377-385.

公众通过"搜索"获取信息为例。在谷歌搜索上进行查询，北京旅游局的官方网站 visitbeijing.com 英文版必须准确搜索 visitbeijing 才能查到该网站，与北京旅游相关的关键词"beijing tour""beijing tourism"等都不能对这个网站进行有效检索。根据网站流量统计网站 Similarweb 的统计数据，visitbeijing 官网英文页面的访问量为 38.1 万，平均访问时间仅有 1 秒，相比之下东京观光局的官方网站 gotokyo.org 访问量为 64.9 万，平均访问时间则有 1 分 32 秒。在互联网提供海量、实时变化的信息，而公众注意力有限的情况下，搜索成为互联网时代公众行为模式中的重要环节。而一旦公众键入关键词进行搜索，也就意味着一次形象传播接触点的生成。在搜索引擎优化专门研究网站"索引擎乐园"（Search Engine Land）所提供的搜索引擎优化指南中，"网站内容"被推为搜索引擎优化的第一要素，而要从内容出发吸引受众、提高网站热度，创作优质内容是基础。在此之上还应在保证可读性的同时将目标受众所使用的关键字尽可能地融入内容的正文、标题、副标题中，对内容保持高频度更新、明确回答访问者在网站上提出的问题、运用多媒体形式呈现内容同样十分重要。[①] 此外，网页设计自然流畅，具备简洁高效的导航结构，使网站在各个移动端（手机、平板电脑等）上都运行流畅，可借助谷歌的网站移动设备适合性测试来进行相关评估并做出改进，还可以通过社交媒体等平台推广网站，与同类网站建立联系。[②] 以这些指标衡量，visitbeijing.com 英文版存在排版标题不同列、信息密度低且表达不明确等问题，内容虽然更新频率较高，但都只是中文版内容的简单翻译，缺乏面向国际公众的针对性；整个网站没有访客留言或提问窗口，整体互动性较低；网站所准备的社交媒体外部链接仅有脸书一项，还放在页面最底部，不易为访问者所发现。相比之下，visitbeijing 中文版排版用心、信息密集、社交媒体外部链接种类齐全、位置醒目，且主页和各子页面都有留言窗口，便于运营方和访问者实时互动，页面下方还附加了众多与北京旅游业相关的友情

---

① Search Engine Land, "Essential Guide to SEO: Master the Science of SEO-Chapter 2: Content & Search Engine Success Factors," accessed November 11, 2021, https://searchengineland.com/guide/seo/content-search-engine-ranking.

② Google Search Central, "Search Engine Optimization (SEO) Starter Guide," accessed November 11, 2021, https://developers.google.com/search/docs/fundamentals/seo-starter-guide.

链接，这是英文版所缺乏的。

visitbeijing.com网站英文版所存在的排版粗略、缺少社交媒体推广和互动、内容缺乏针对性等一系列问题，都或多或少出现在北京其他涉外传播部门的官方网站上。需要有关涉外传播部门重视官方门户网站的国际化运营，在网站排版和后台技术操作上认真研究相关国际搜索引擎具体机制、搜索引擎推广理论和程序步骤、目标受众关键词使用情况和需求关注点，有的放矢地做好网站结构与内容优化。应推动自有媒体相互联系联动，形成完整的体系，同时在各大国际社交媒体上通过官方账号和讨论频道引流，对网站形成外部宣发带动效应。

第四节　北京国际形象网络传播模型

尽管在互联网环境下，城市品牌可以被简化为个人在特定社会/文化背景下的体验，并通过网络口碑传播与分享，令城市品牌的建立与维系成为更广泛的社会性参与创造的过程。[①] 但是，以"组织为中心"——城市管理部门以及其他利益相关组织的组合体——仍然是城市国际形象传播的主导角色。城市管理部门如何整合自身资源和禀赋，通过资源配置、机构设置和整合传播管理，在很大程度上决定了城市品牌传播的效果。这需要首先来分析北京国际形象传播的优势、劣势、机会和威胁。

综合来看，北京国际形象传播具有以下几点优势：一是城市国际身份的定位优势。北京是社会主义大国的首都，决定了北京身份定位的国际视野和国家站位，充分展现"中国特色、中国气派、中国风格"；北京是世界上首个"双奥之城"，这是北京的金名片。二是国际传播的内容优势。北京全方位、高层次的国际交往活动，在加强"四个中心"功能建设、提高"四个服务"水平方面的成就和经验为"讲好北京故事"提供了取之不尽用之不竭的素材。三是国际传播的人才优势。北京在多场重大活动中锻炼了首都"政治过硬、本领高

[①]　米哈利斯·卡瓦拉兹斯等：《反思地方品牌建设》，经济管理出版社，2019，第260—265页。

强、求实创新、能打胜仗"的外宣人才队伍，增强了国际传播能力。四是国际传播的媒体资源优势。作为中国的首都，国际知名媒体和全国绝大多数主流媒体和宣传机构都在北京，汇聚了最先进的传播资源与方式。北京可以同时借助中央媒体、本地外宣媒体和国际媒体进行传播。

北京国际形象传播也具有一定的劣势。一是北京的宣传体系在适应北京国际传播工作时需要进一步加强协调，加强城市规划和治理、国际交往与国际传播的协同性。二是国际传播话语体系差异。北京国际传播是跨文化情境下的传播，存在"文化折扣"，阻碍了传播效果。三是在传播策略和技巧上，注重采用国际认同的话语方式。四是，缺少对网络媒体传播机制和传播特性的把握，没有充分发挥和利用新媒体优势。

新时期北京国际形象传播也面临巨大的机会。一是在百年未有之大变局背景下，中国国际地位和国家实力的提升，带动北京国际地位的提升。二是国际秩序的转型与国际体系的调整，为北京发挥大国首都优势，利用多边和双边国际机制与渠道，发出北京声音提供了机会。三是互联网等新技术提供了北京直接面向目标国公众进行传播的机会。

在威胁因素方面，一是政府部门在国际传播中绝对地位优势在下降。互联网环境下，政府机构只是众多传播者中的一员，不可能调控和"管理"所有的声音。二是受大国博弈的影响，北京国际传播工作在意识形态、价值观念和文化认同方面，与西方国家之间缺少共同的意义空间。三是北京与其他国际化大都市的竞争态势。北京与巴黎、纽约、东京等国际化大都市共同竞争全球的人才、资本、技术资源的同时，也在竞争全球公众的注意力资源（见表7-3）。

基于此，北京或可采取以下的传播战略。

第一，加强顶层设计，提升北京国际形象的战略管理。可考虑成立跨部门协调小组，加强城市规划和治理、国际交往和国际传播工作的联动，在城市规划、政策制定的过程中融入城市品牌理念，并连接到现有政策，发挥城市物理空间的资源聚合效应，加强国际公众对北京城市的触点管理，平衡北京的实体（有形）和形象（观念）之间、自我预期与国际公众感知之间的差异，推动城市更新与发展。

表7-3　北京国际形象传播态势分析

外部环境 内部因素	优势（Strength） 国际身份的定位优势；国际传播的内容优势；国际传播人才优势；国际传播的媒体资源优势	劣势（Weakness） 宣传体系缺乏弹性；国际传播话语体系差异；缺少传播策略和技巧；没有充分发挥和利用新媒体优势
机会（Opportunity） 中国国际地位和国家实力的提升，及北京国际地位的提升；北京发挥大国首都优势，参与全球治理；互联网等新技术提供了面向目标国公众的机会	利用（SO） 抓住中国以及北京发展所带来的聚光灯效应，以更为开放、透明、自信的姿态传播北京国际传播；加强对北京国际环境的监测与感知；加大对新媒体的传播资源投放，以互联网+思维进行北京国际形象传播的顶层设计	改进（WO） 加强顶层设计，提升北京国际形象的战略管理，转变宣传方式，研究新媒体话语方式与传播效果；建立科学的传播效果评估体系
威胁（Threat） 政府在对外宣传作用中的地位下降；北京与其他城市的竞争关系；在传播领域的价值观层面，缺乏共同的意义空间	监测（ST） 激发社会力量的有效参与；确立北京城市形象的独特的、不可代替的传播诉求点，以在全球传播背景下取得优势；利用人才优势，进行有针对性的城市传播话语体系研究	消除（WT） 转变政府在城市外宣中的角色和职能，淡化外宣中政府在前台的直接操作；避免生硬和自说自话式的宣传

资料来源：作者整理。

　　第二，积极利用大数据和人工智能技术，进行个性化精准传播。加强对北京国际环境的监测与感知，进一步识别涉京敏感议题、积极议题和消极议题传播的关键节点，发掘能够引发国际公众情感共鸣和价值认同的议题，讲好国际公众感兴趣的北京故事；对国际公众进行"画像"和细分，基于其涉华既有态度倾向性和个性特征等要素研判，进行更有针对性的信息推送与组合营销。

　　第三，重视新媒体渠道，激发多元主体参与，实现"所有人向所有人"传播。除继续提高北京本地外宣媒体的国际传播能力，可加强与在京跨国企业、国际机构、智库、"洋网红"等网络意见领袖的联系与互动，引导社会机构、公众参与城市形象传播；发挥新媒体优势，以病毒式营销方案促成北京国际形象的在线口碑传播，提升传播效果。

在本书研究基础上，或可提出北京城市国际形象的品牌化网络传播模型
（见图7-5）。

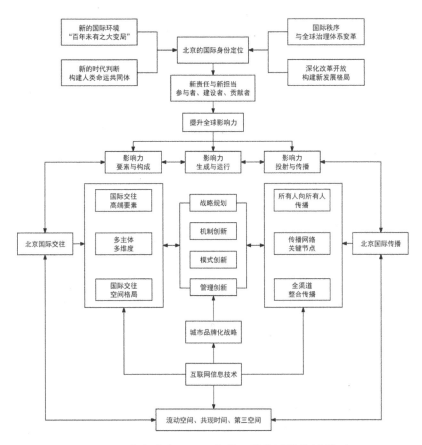

图7-5　北京城市国际形象的品牌化网络传播模型

资料来源：作者整理。

新的历史时期，围绕"建设具有世界影响力的中国特色国际交往中心"这
一目标，北京国际形象传播也将迈向新征程与新阶段。我们有理由相信，北京
通过不断深化更高水平的改革开放，调动首都外事和外宣资源，同向发力，进
一步优化国际形象、管理国际声誉，扎实推动首都高质量发展，必将为服务中
国特色大国外交及巩固北京国际交往中心地位提供有力支撑，迈出坚实步伐。

参 考 文 献

一、中文著作

1. 奥罗姆，陈向明. 城市的世界：对地点的比较分析和历史分析［M］. 曾茂娟，任远，译. 上海：上海人民出版社，2005：6.

2. 奥斯曼. 集体记忆与文化身份［M］. 陶东风，译. //陶东风，周宪主编. 文化研究第11辑. 北京：社会科学文献出版社，2011：5-10.

3. 蔡文之. 网络：21世纪的权力与挑战［M］. 2007：3-5.

4. 曹子西. 北京通史第十卷［M］. 北京：中国书店，1994.

5. 高金萍，郭之恩，张海华. 北京镜像：2009—2016年度外媒北京报道研究［M］. 北京：中国人民大学出版社，2017.

6. 格弗斯. 虚拟和再现地方品牌化的反思［M］. //卡瓦拉兹斯主编. 反思地方品牌建设：城市和区域的全面品牌发展. 袁胜军，译. 北京：经济管理出版社，2019：83.

7. 韩运荣，喻国明. 舆论学：原理、方法与应用［M］. 北京：中国传媒大学出版社，2013：69-72.

8. 卡斯特. 网络社会的崛起［M］. 夏铸九，王志弘，译. 北京：社会文献出版社，2001.

9. 卡斯特. 传播力［M］. 唐景泰，星辰，译. 北京：社会科学文献出版社·当代世界出版分社，2018.

10. 卡瓦拉兹斯，瓦纳比，阿什沃思. 反思地方品牌建设：城市和区域的全面品牌发展［M］. 袁胜军，译. 北京：经济管理出版社，2019.

11. 凯勒. 战略品牌管理（第三版）［M］. 卢泰宏，吴水龙，译. 北京：中国人民大学出版社，2014.

12. 李兴国. 北京形象——北京市城市形象识别系统（CIS）及舆论导向［M］. 中国国际广播出版社，2008.

13. 刘笑盈. 国际新闻史［M］. 北京：中国广播电视出版社，2018：50-88，226-234.

14. 罗炤. 元朝丝绸之路与元大都［M］. //北京市社会科学院历史研究所编. 北京史学论丛2014. 北京：中国社会科学出版社，2015：107-124.

15. 吕超. 东方帝都：西方文化视野中的北京形象［M］. 山东：山东画报出版社，2008.

16. 马克思，恩格斯. 马克思恩格斯全集第46卷（下）［M］. 北京：人民出版社，1980.

17. 马诗远. 新时期北京形象海外认知传播研究（2019）［M］. 北京：社会科学文献出版社，2020.

18. 芒福德. 城市发展史：起源、演变和前景［M］. 宋俊岭，倪文彦，译. 北京：中国建筑工业出版社，2005.

19. 奈. 美国注定领导世界？美国权力性质的变迁［M］. 刘华，译. 北京：中国人民大学出版社，2012.

20. 牛奔. 国际视野下北京市志愿服务组织国际交流与合作研究［M］. //刘波主编. 北京国际交往中心建设研究专题3，北京：知识产权出版社，2017.

21. 潘译泉. 社会、主体性与秩序：农民工研究的空间转向［M］. 北京：社会科学文献出版社，2007.

22. 普拉诺，里格斯，罗宾. 政治学分析词典［M］. 北京：中国社会学科出版社，1986.

23. 秦启文，周永康. 形象学导论［M］. 北京：社会科学文献出版社，2004.

24. 瑟罗. 资本主义的未来：当今各种经济力量如何塑造未来世界［M］. 周

晓钟，译. 北京：中国社会科学出版社，1998.

25. 首都国际化进程的新趋势与新挑战——2008城市国际化论坛论文集［C］. 北京：中国经济出版社，2008.

26. 斯考伯，伊斯雷尔. 即将到来的场景时代［M］. 赵乾坤，周宝曜，译. 北京：北京联合出版公司，2014：11.

27. 斯特兰奇. 国家与市场［M］. 杨宇光，译. 上海：上海人民出版社，2002.

28. 苏贾. 后大都市［M］. 李钧，等译. 上海：上海教育出版社，2006：194-197.

29. 苏贾. 第三空间［M］. 陆扬，译. 上海：上海教育出版社，2005.

30. 孙庚主编. 传播学概论［M］. 北京：中国人民大学出版社，2014：161-162.

31. 谭宇菲. 北京城市形象传播：新媒体环境下的路径选择研究［M］. 北京：社会科学文献出版社，2019.

32. 陶维兵. 城市形象传播［M］. 武汉：武汉出版社，2012：26.

33. 沃勒斯坦. 现代世界体系第一卷［M］. 尤来寅，路爱国，朱青浦，等译. 北京：高等教育出版社，1998.

34. 吴三军. 化解西方媒体误读，重塑北京的国际形象：奥运后首都国际化进程的新趋势与新挑战——2008城市国际化论坛论文集［C］. 北京：中国经济出版社，2008.

35. 西尔，克拉克. 场景：空间品质如何塑造社会生活［M］. 祁述格，吴军，等译. 北京：社会科学文献出版社，2019：1-2，39，67.

36. 许小可，胡海波，张伦，等. 社交网络上的计算传播学［M］. 北京：高等教育出版社，2015.

37. 张颖. 美国主流报刊中的北京社会形象［M］. 北京：时事出版社，2015.

38. 赵可金. 北京世界城市战略中的城市外交［M］. //城市外交：中国城市外交的理论与实践（《广州外事》增刊）. 北京：社会科学文献出版社，2016.

39. 邹统钎. 北京旅游形象国际传播方案［M］. 北京：旅游教育出版社，

2017.

二、中文期刊论文

1. 阿里研究院,阿里新乡村研究中心,南京大学空间规划研究中心,等. 淘宝村十年:数字经济促进乡村振兴之路——中国淘宝村研究报告(2009-2019)〔R〕. 2019.

2. 曹永荣,杜婧琪,王思雨. 法国媒体中的北京形象:基于《费加罗报》2000—2015年涉京报道的批判性话语分析〔J〕. 西安外国语大学学报,2018(2):61-65.

3. 车森洁. 戈夫曼和梅洛维茨"情境论"比较〔J〕. 国际新闻界,2011(33):41-45.

4. 陈然. 网络意见领袖的来源、类型及其特征〔J〕. 新闻爱好者,2011(24):6-7.

5. 陈映. 城市形象的媒体建构:概念分析与理论框架〔J〕. 新闻界,2009(5):103-104+118.

6. 陈芝,李智. 新媒体传播时代基于用户中心的内容生产刍议〔J〕. 江西师范大学学报(哲学社会科学版),2021,54(6):25-30.

7. 程振翼. 文化遗产与记忆理论:对文化遗产研究的方法论思考〔J〕. 广西社会科学,2014(2):39-43.

8. 迟媛媛. 新媒体时代虚拟现实技术在传统艺术文化传播中的应用及价值〔J〕. 现代商贸工业,2022,43(11):192-193.

9. 邓世文. 城市形象研究述评〔J〕. 中山大学研究生学刊(自然科学版),1999(20):90-94.

10. 丁于思,王恒,李美慧,等. 基于城市形象分析的北京品牌营销提升策略研究〔J〕. 中国经贸导刊,2016(35):117-118.

11. 杜剑锋,陈坚. 西方影片中北京城市形象的塑造与传播〔J〕. 对外传播,2014(2):103-104.

12. 杜欣. 新格局下的新传播——传统媒体与城市品牌的新结合〔J〕. 新闻研究导刊,2016(12):26-27.

13. 付婷. 基于SIPS模型的故宫博物院融媒体传播策略分析 [J]. 今传媒, 2021, 29 (2)：38-40.

14. 傅莹. 把握变局、做好自己, 迎接新的全球时代 [J]. 世界知识, 2019 (19)：18-21.

15. 高慧艳. 社会化媒体时代城市品牌的传播 [J]. 青年记者, 2015 (35)：77-78.

16. 龚娜, 罗芳洲. 城市软实力综合评价指标体系的构建及其评价方法 [J]. 沈阳教育学院学报, 2008 (6)：28-31.

17. 郭萌萌. 从空间场景叙事到国家形象传播——以如果国宝会说话为例 [J]. 出版广角, 2019 (18)：59-61.

18. 何国平. 城市形象传播：框架与策略 [J]. 现代传播 (中国传媒大学学报), 2010 (8)：13-17.

19. 何雨宸. 小红书用户生成内容模式下的西安城市形象传播路径探析 [J]. 西部广播电视, 2022 (14)：65-67.

20. 黄骏. 虚实之间：城市传播的逻辑变迁与路径重构 [J], 学习与实践, 2020 (6)：132-140.

21. 李彪, 郑满宁. 从话语平权到话语再集权：社会热点事件的微博传播机制研究 [J]. 国际新闻界, 2013 (7)：6-15.

22. 李炳慧. 新媒体环境下城市形象对外传播对比分析——以北京和华盛顿为例 [J]. 黑龙江社会科学, 2019 (5)：126-130.

23. 李东泉, 韩光辉. 1949年以来北京城市规划与城市发展的关系探析——以1949—2004年间的北京城市总体规划为例 [J]. 北京社会科学, 2013 (5)：144-151.

24. 李鸿磊, 刘建丽. 基于用户体验的商业模式场景研究：价值创造与传递视角 [J]. 外国经济与管理, 2020, 42 (6)：20-37.

25. 李明霞. 北京外宣书刊——海外人士了解北京的窗口 [J]. 对外大传播, 2001 (12)：52.

26. 李锡奎. 俄罗斯媒体视域下北京城市形象探究 [J]. 欧亚人文研究, 2020 (2)：46-52.

27. 李晓江，徐颖. 首都功能的国际比较与经验借鉴［J］. 北京人大，2015
    （8）：14-18.

28. 李星儒. 北京城市形象层级化影视传播策略［J］. 中国广播电视学刊，
    2018（5）：120-123.

29. 刘波. 国际交往中心与"一带一路"倡议协同发展的战略措施［J］. 前线，
    2018（3）：79-81.

30. 刘波. 北京国际交往中心建设的现状及对策［J］. 前线，2017（9）：
    69-71.

31. 刘丹宇，刘庆振. 用户共创的三个层次及其基本逻辑［J］. 国际品牌观
    察，2021（35）：39-40.

32. 刘东超. 场景理论视角上的南锣鼓巷［J］. 东岳论丛，2017（1）：35-40.

33. 刘慧梅，姚源源. 书写、场域与认同：我国近二十年文化记忆研究综述
    ［J］，浙江大学学报（人文社会科学版），2018，48（4）：185-203.

34. 刘伟. 刷屏的原理：在线内容的病毒式分享机制［J］. 心理科学进展
    2020，28（4）：638-649.

35. 刘璇，史超然. 移动端游戏中的城市文化品牌建设研究——《以奔跑堡子
    里》为例［J］. 营销界，2021（21）：21-22.

36. 刘彦平. 奥运助燃营销北京——北京城市营销案例分析及建议［J］. 中国
    市场，2006（20）：72-77.

37. 刘艳芹，张矛矛. 新媒体对冬奥会青少年运动理念建构的影响［J］. 青少
    年体育，2016（6）：15-17.

38. 龙莎. 新媒体在城市形象传播中的运用［J］. 新闻爱好者，2011（22）：
    49-50.

39. 陆扬. 析索亚"第三空间"理论［J］. 天津社会科学，2005（2）：32-37.

40. 路娟，付砾乐. 网红城市的短视频叙事：第三空间在形象再造中的可见性
    悖论［J］. 新闻与写作，2021（8）：59-67.

41. 罗斯，刘炫麟. 文化遗产与记忆：解开其中的纽带［J］. 遗产，2020（01）：
    87-113+283-284.

42. 马寰. XR扩展现实在大学生创新创业路演中的应用研究［J］. 包装工程，

2021（42）：191-197.

43. 马学广，李贵才. 全球流动空间中的当代世界城市网络理论研究［J］. 经济地理，2011，31（10）：1630-1637.

44. 莫智勇. 创意新媒体文化背景下城市形象传播策略研究［J］. 暨南学报（哲学社会科学版），2013（7）：148-154.

45. 牛俊伟. 从城市空间到流动空间——卡斯特空间理论述评［J］. 中南大学学报（社会科学版），2014，20（2）：143-148+189.

46. 欧亚，熊炜. 从《纽约时报》看北京城市形象的国际传播［J］. 对外传播，2016（6）：48-50.

47. 欧亚. 奥运会对城市国际形象的塑造和传播："奥运城市形象与国际化"论文集［C］. 公共外交季刊，2015（1）：18-21.

48. 彭兰. 场景：移动时代媒体的新要素［J］. 新闻记者，2015（3）：20-27.

49. 曲茹，邵云. 北京城市形象及文化符号的受众认知分析——以在京外国留学生为例［J］. 对外传播，2015（04）：48-51.

50. 施密特，杨舢. 迈向三维辩证法——列斐伏尔的空间生产理论. 国际城市规划［J］，2021，36（3）：5-13.

51. 苏峰. 北京城市定位的几次演变［J］. 北京党史，2014（4）：35-37.

52. 苏萍. 上海国际化大都市公共外交的路径选择［J］. 社会科学，2016（4）：13.

53. 孙丽辉，毕楠，李阳，等. 国外区域品牌化理论研究进展探析［J］，外国经济与管理2009，31（2）：40-49.

54. 孙忠伟. 流动空间的形成机理、基本流态关系及网络属性［J］. 地理与地理信息科学，2013，9（5）：107-111.

55. 唐正东. 苏贾的"第三空间"理论：一种批判性的解读［J］. 南京社会科学，2016（1）：39-46+92.

56. 陶建杰. 城市软实力评价指标体系的构建与运用——基于中国大陆50个城市的实证研究［J］. 中州学刊，2010（3）：112-116.

57. 王斌. 从技术逻辑到实践逻辑：媒介演化的空间历程与媒介研究的空间转向［J］. 新闻与传播研究，2011（3）：58-67+112.

58. 王存刚. 更加不确定的世界，更加确定的中国外交——改革开放以来中国外交的整体性思考［J］. 世界政治与经济，2018（9）：43-63+156-157.

59. 王惠. 北京奥运，给对外宣传留下永久遗产（之三）［J］. 对外传播，2013（10）：42-45.

60. 王惠. 北京奥运，给对外宣传留下永久遗产（之一）［J］. 对外传播，2013（8）：50-52.

61. 王宁，张璐，曹斐. 英国媒体中的北京形象：基于泰晤士报2000—2015年的框架分析［J］. 西安外国语大学学报，2017（4）：1-6.

62. 王鹏进. 媒介形象研究的理论背景、历史脉络和发展趋势［J］. 国际新闻界，2010（6）：123-128.

63. 王润. 塑造城市记忆：城市空间的文化生产与遗产保护［J］. 新疆社会科学，2020（3）：115-121.

64. 王润珏. 北京副中心城市形象塑造与传播策略研究［J］. 中国名城，2019（11）：17-22.

65. 王祯骏，等. 基于社交内容的潜在影响力传播模型［J］. 计算机学报，2016，39（8）：1528-1540.

66. 王梓元. 国际政治中的地位与声望：一项研究议程［J］. 国际政治研究（双月刊），2021，42（3）：116-139+8.

67. 吴军，夏建中，克拉克. 场景理论与城市发展——芝加哥学派城市研究新理论范式［J］. 中国名城，2013（12）：8-14.

68. 吴先伍. 从独白走向对话——伽达默尔对现代性的一种批评与超越［J］. 天津社会科学，2008（1）：41-44.

69. 吴瑛等. 全球媒体对上海国际大都市的形象建构研究［J］. 国际展望，2016（7）：1-23+152.

70. 吴毓颖. 新媒体传播视阈下城市品牌形象的构建［J］. 新媒体研究，2016（12）：62-63.

71. 武夷山. 考察人类最伟大的发明——城市［J］. 中国科学报，2021-12-09（7）.

72. 肖峰. 论作为一种理论范式的信息主义［J］. 中国社会科学，2007（2）：

68-77+205-206.

73. 谢俊贵. 当代社会变迁之技术逻辑——卡斯特尔网络社会理论述评［J］. 学术界，2002（4）：191-203.

74. 熊九玲. 勇立改革潮头 擘画开放蓝图——改革开放40年与国际交往中心建设［J］. 前线，2018（8）：32-34.

75. 熊炜，王婕. 城市外交：理论争辩与实践特点［J］. 公共外交季刊2013春季号，2013（13）：20-25+129.

76. 徐和建. 构建中国话语体系和叙事体系的北京思考［J］. 对外传播，2021（11）：25-30.

77. 徐剑，董晓伟，袁文瑜. 德国媒体中的北京形象：《明镜》周刊2000-2015年涉京报道的批判性话语分析［J］. 西安外国语大学学报，2018（2）：57-61.

78. 徐翔，朱颖. 北京城市形象国际自媒体传播的现状与对策——基于Twitter、Google+、YouTube的实证分析［J］. 对外传播，2017（8）：49-52.

79. 徐向东. 建国后北京城市建设方针的演变［J］. 北京党史研究，1996（2）：28-31.

80. 严小芳. 场景传播视阈下的网络直播探析［J］. 新闻界，2016（15）：51-54.

81. 杨洁篪. 努力开拓中国特色公共外交新局面［J］. 求是，2011（4）：43-46.

82. 杨凯. 城市形象对外传播的新思路——基于外国人对广州城市印象及媒介使用习惯调查［J］. 南京社会科学，2010（7）：117-122.

83. 杨一翁，孙国辉，陶晓波. 北京的认知、情感和意动城市品牌形象测度［J］. 城市问题，2019（5）：34-45.

84. 姚一民. 新加坡公共外交的经验及对广州的启示［J］. 城市观察，2016（4）：122.

85. 余树英. 不同类型网络意见领袖的影响力及发生机制［J］. 中国青年研究，2018（7）：90-94.

86. 余钟夫. 北京建设世界城市的背景及面临的挑战［J］. 城市管理与科技，2010（2）：89-93.

87. 喻国明，胡杨涓. 外媒话语构造中北京城市形象的传播常模（下）［J］. 对外传播，2016（11），48-51+54.

88. 喻国明. 技术革命下的未来传播与发展关键［J］. 媒体融合新观察，2020（6）：4-6.

89. 张京祥，于涛，陆枭麟. 全球化时代的城市大事件营销效应：基于空间生产视角［J］. 人文地理，2013，28（5）：1-5.

90. 张丽，苏娟. 公共外交视角下城市功能优化与提升研究［J］. 理论界，2016（12）：60-64+83.

91. 张丽. 国际交往中的城市：营销与功能提升［J］. 财经问题研究，2019（2）：122-128.

92. 张强. 病毒式网络传播特点及一般规律［J］. 当代传播，2012（2）：84-86.

93. 张锐，周敏. 论品牌的内涵与外延［J］. 管理学报，2010（1）：147-158.

94. 张文桥. 网络社会初探［J］. 上海交通大学学报（社科版），2001（3）：74-78.

95. 张亚军. 全球城市研究进展述评［J］. 全球城市研究2020，1（2）：32-44+191.

96. 张燚，张锐. 国内外品牌本性理论研究综述［J］. 北京工商大学学报：社科版，2004（1）：50-54.

97. 赵静蓉. 作为时间概念的城市：记忆与乌托邦的两个维度［J］. 探索与争鸣，2018（10）：122-127+144-145.

98. 赵可金，陈维. 城市外交：探寻全球都市的外交角色［J］. 外交评论，2013（6）：61-77.

99. 赵永华，李璐. 北京城市形象国际传播中受众的媒体选择与使用行为研究——基于英语受众的调查分析［J］. 对外传播，2015（01）：49-52.

100. 郑育娟. 地域文化符号对城市形象提升的思考——以北京城市副中心为例［J］. 今传媒，2020（3）：55-56.

101. 郑中玉，何明升. "网络社会"的概念辨析［J］. 社会学研究，2004（1）：13-21.

102. 中共成都市委外宣办课题组. 新公共外交需要"整合思维"——以成都城市品牌化建设为例［J］. 对外传播，2017（11）：73.

103. 钟羽. 新媒体环境下的城市品牌传播创新策略［J］. 安顺学院学报，2016（4）：107-109.

104. 周增光. 十九世纪六十年代北京国际形象的断裂与重塑［J］. 北京社会科学，2018（6）：85-94.

105. 朱豆豆. 社交媒体在北京国际形象传播中的策略初探［J］. 对外传播，2016（12）：35-36.

106. 朱竑，钱俊希，吕旭萍. 城市空间变迁背景下的地方感知与身份认同研究——以广州小洲村为例［J］. 地理科学，2012，32（1）：18-24.

107. 庄德林，陈信康. 国际大都市软实力评价研究［J］. 城市发展研究，2009（10）：36-41.

108. 庄德林，伍翠园，王春燕. 区域品牌化模型与绩效评估研究进展与展望［J］. 外国经济与管理，2014（9）：29-37.

三、中文学位论文

1. 陈锦萍. 网络意见领袖道德想象力研究［D］. 辽宁：大连理工大学，2016：31.

2. 邵鹏. 媒介作为人类记忆的研究［D］. 南京：南京大学传播学博士学位论文，2014：28.

3. 刘志勇. 中国国家身份与外交战略的选择［D］. 北京：外交学院博士学位论文，2005：33.

四、网络文献

1. 阿里研究院&埃森哲. 2020年全球跨境B2C电商趋势报告 中国将成最大市场［R/OL］.（2015-06-12）［2022-12-20］. http://www.199it.com/archives/355771.html.

2. 艾瑞咨询中国KOL营销策略白皮书［R/OL］.（2019）［2021-10-22］. https://report.iresearch.cn/report_pdf.aspx?id=3346.

3. 鲍聪颖. 巴赫向2022北京新闻中心记者"云拜年"［EB/OL］. 人民网,（2022-02-07）［2022-02-07］. http://bj.people.com.cn/n2/2022/0207/c339781-35124469.html.

4. 北京日报. 北京已经与53个城市结为了国际友好城市［EB/OL］.（2016-03-30）［2021-12-20］. http://www.bjwmb.gov.cn/jrrd/yw/t20160330_773773.htm.

5. 北京市人民政府. 2017年市政府重点工作情况汇编［EB/OL］.（2017）［2021-10-20］. http://zhengwu.beijing.gov.cn/zwzt/ZWZT/CSZL/KJCXZX/t1504109.htm.

6. 北京市人民政府. 北京推进国际交往中心功能建设新闻发布会［EB/OL］.（2020-09-27）［2021-12-20］. http://www.beijing.gov.cn/shipin/Interviewlive/329.html.

7. 北京市人民政府. 北京推进国际交往中心建设抓住重大项目"牛鼻子"，展现未来15年发展蓝图［EB/OL］.（2020-09-08）［2021-12-20］. http://wb.beijing.gov.cn/home/ztzl/gjjwzxgnjx/zxdt/202009/t20200930_2104263.html.

8. 北京外办. 奋发2021，北京外事的"20+N"件大事 加快国际交往中心功能建设 让北京更有国际范儿［EB/OL］.（2022-01-29）［2022-01-31］. http://wb.beijing.gov.cn/home/index/wsjx/202201/t20220129_2603673.html.

9. 北京中医药大学. 感知中医世界行之走进北京中医药大学——35国主流媒体首次齐聚一堂体验中医药文化魅力，关注中医药国际化进一步发展［EB/OL］.（2016-12-01）［2021-12-20］. http://www.bucm.edu.cn/xxxw/37627.htm.

10. 陈琳. 北京在朝阳、海淀等重点地区推动建设国际医院［EB/OL］.（2021-12-29）［2022-01-10］. https://www.bjnews.com.cn/detail/164076422714512.html.

11. 陈琳. 今年北京已认定跨国公司地区总部15家，全市累计达201家

［EB/OL］.（2021-12-07）［2021-12-20］. https://www.bjnews.com.cn/detail/163884842614072.html.

12. 杜燕. 北京优化国际学校布局 新增23所学校覆盖13区［EB/OL］.（2021-09-16）［2021-12-20］. https://www.chinanews.com.cn/sh/2021/09-16/9567234.shtml.

13. 环球网. 日本"花滑王子"羽生结弦粉丝拜托中国观众的这件事，华春莹发推回应［EB/OL］.（2021-10-02）［2022-02-07］. https://world.huanqiu.com/article/450KAJrLKG3.

14. 刘颖，周立涛. 寻回自然的时间——〈空间的生产〉读书笔记［EB/OL］.（2016-04-09）［2021-12-10］. http://www.cnurbanstudies.org/2016/04/09/production-of-space/.

15. 每日经济新闻. 以场景IP讲好城市更新的故事［EB/OL］.（2021-10-26）［2021-12-20］. https://m.nbd.com.cn/articles/2021-10-26/1963266.html.

16. 裴剑飞. 新京报《巴赫"空降"北京新闻中心"云拜年"》［EB/OL］. 新京报,（2022-02-07）［2022-02-10］. http://epaper.bjnews.com.cn/html/2022-02/07/content_814377.htm.

17. 人民日报海外版. 中国-中东欧国家首都市长论坛举办［EB/OL］.（2016-10-11）［2021-12-20］. http://www.scio.gov.cn/ztk/wh/slxy/31200/document/1493485/1493485.htm.

18. 施剑松. 北京：设"一带一路"国家人才培养基地［EB/OL］. 中国高校人文社会科学信息网,（2017-08-29）［2021-12-20］. https://www.sinoss.net/2017/0829/77662.html.

19. 搜狐网. 洛阳牡丹博物馆，将在牡丹文化节前开放［EB/OL］.（2021-03-04）［2021-12-20］. https://www.sohu.com/a/454026748_232704.

20. 搜狐网. 青岛天价虾事件舆情分析［EB/OL］.（2015-10-19）［2021-10-20］. https://www.sohu.com/a/36435364_115692.

21. 王博，刘能静. 甘肃：智慧博物馆让文物"活"起来［EB/OL］. 中国政府网,（2018-11-12）［2021-10-20］. http://www.gov.cn/xinwen/2018-11/12/content_5339603.htm.

22. 王毅. 2018年中国外交大幕已拉开 有四大主场外交［EB/OL］. 中国网，（2018-03-08）［2021-12-20］. http://www.china.com.cn/lianghui/news/2018-03/08/content_50682277.shtml.

23. 王毅. 在2018年国际形势与中国外交研讨会开幕式上的演讲［EB/OL］. 外交部网站，（2018-12-11）［2021-12-20］. https://www.fmprc.gov.cn/web/wjbzhd/t1620761.shtml.

24. 新华网. 习近平在首届中国国际进口博览会开幕式上的主旨演讲［EB/OL］. （2018-11-05）［2021-12-20］. http://www.xinhuanet.com/politics/leaders/2018-11/05/c_1123664692.htm.

25. 殷呈悦. "一带一路"北京三年行动计划发布"四个平台"助力"一带一路"［EB/OL］. （2018-10-25）［2021-10-20］. http://bj.people.com.cn/n2/2018/1025/c82840-32202802.html.

26. 张漫子. 北京文化贸易进出口额达60.2亿美元［EB/OL］. 新华网，（2019-05-29）［2021-12-20］. http://www.xinhuanet.com/2019-05/29/c_1124558815.htm.

27. 中国国际友好城市联合会.［EB/OL］. http://www.cifca.org.cn，［2019-10-22］.

28. 中华人民共和国国务院. 北京奥运会及其筹备期间外国记者在华采访规定［EB/OL］. 中国政府网，（2008-03-28）［2021-02-20］. http://www.gov.cn/zhengce/content/2008-03/28/content_6478.htm.

29. 中华人民共和国国务院令第477号. 北京奥运会及其筹备期间外国记者在华采访规定［EB/OL］. 中国政府网，（2008-03-28）［2021-02-20］. http://www.gov.cn/zhengce/content/2008-03/28/content_6478.htm.

30. 中华人民共和国商务部. 2018已年度中国对外直接投资统计公报［EB/OL］. 商务部网站，（2019-12-28）［2021-12-20］.http://fec.mofcom.gov.cn/article/tjsj/tjgb/201910/20191002907954.shtml.

五、英文著作

1. BARGER, PELTIER. Social Media and Consumer Engagement: A Review and

Research Agenda[M]. p.2270-271.

2. BERGER P L, LUCKMANN T. The Social Construction of Reality: A Treatise in the Sociology of Knowledge[M]. New York: Doubleday, 1966.

3. BOISEN M. Place Branding and Nonstandard Regionalization in Europe[C]. In: ZENKER S, JACOBSEN B P, eds. Inter-regional Place Branding: Best Practices, Challenges and Solutions[M]. Switzerland: Springer International Publishing, 2015: 13-23.

4. BUBER J M. I and Thou[M]. New York: Simon & Schuster, 1970: 53.

5. CHESHMEHZANGI A. Identity of Cities and City of Identities[M]. Singapore: Springer, 2020: 2-47.

6. DINNIE K. Introduction to the Theory of City Branding[C]. In: DINNIE K, ed. City Branding[M]. London: Palgrave Macmillan, 2011: 3-7.

7. ESHUIS J, KLIJN E H. City Branding as a Governance Strategy[C]. In: HANNIGAN J, RICHARDS G, eds. The SAGE Handbook of New Urban Studies[M]. London: SAGE Publication Ltd, 2017: 92-105.

8. FEARON J D. What is Identity-as We Now Use the Word?[M]. Stanford: Stanford University, 1999: 17, cited in: CHESHMEHZANGI A. Identity of Cities and City of Identities[M]. Singapore: Springer, 2020: 51.

9. FLREK M, INSCH A, GNOTH J. City Council Websites as a Means of Place Brand Identity Communication[M]. In: XXXXXX (Eds.), 276-296.

10. GOVERS R. Rethinking Virtual and Online Place Branding[C]. In: KAVARATZIS M, WARNABY G, ASHWORTH G J, eds. Rethinking Place Branding: Comprehensive Brand Development for Cities and Regions[M]. Cham: Springer, 2015: 73-83.

11. GRUNIG J E, HUNT T. Managing Public Relations[M]. New York: Holt Reinhart and Winston, 1984.

12. HANKINSON G, COWKING P. Branding in Action[M]. London: McGraw-Hill, 1993: 10.

13. HARVEY D. The Urbanization of Capital[M]. Baltimore: The John Hopkins

University Press, 1985: 1.

14. KOTLER P. Marketing Management: Analysis, Planning, Implementation, and Control[M]. Englewood Cliffs, NJ: Prentice-Hall, 1991.

15. LYNCH K. The Image of the City[M]. Cambridge, MA: Massachusetts Institute of Technology Press & Harvard University Press, 1960: 46-90.

16. MEYROWITZ J. Using Contextual Analysis to Bridge the Study of Mediated and Unmediated Behavior[M]. In: RUBEN B D, ed. Mediation, Information, and Communication[M]. New York: Routledge, 1990: 30-58.

17. MORIARTY S, SCHULTZ D. Four Theories of How IMC Works[C]. In: RODGERS S, THORSON E, eds. Advertising Theory[M]. New York: Routledge, 2012: 491-505.

18. MORLEY D. Communications and Mobility: The Migrant, the Mobile Phone, and the Container Box[M]. West Sussex: John Wiley & Sons Ltd, 2017: 96.

19. MULGAN G. Communication and Control: Networks and the New Economies of Communication[M]. New York: Guilford Press, 1991: 21.

20. PAGANONI M C. City Branding and New Media: Linguistic Perspectives, Discursive Strategies and Multimodality[M]. London: Palgrave Pivot, 2015: 1-12.

21. POCOCK D, HUDSON R. Images of the Urban Environment[M]. London: Macmillan Press Ltd, 1978.

22. RELPH E. Place and Placelessness[M]. London: Pion, 1976: 61.

23. ROSSI A. The Architecture of the City[M]. Cambridge: MIT Press, 1984: 68-112.

24. SASSEN S. The Global City: New York, London, Tokyo[M]. Princeton: Princeton University Press, 1991: 36-43.

25. SZONDI G. Public Diplomacy and Nation Branding: Conceptual Similarities and Differences[M]. The Hague: Clingendael Institute, 2008: 20-44.

26. TAYLOR P J, DERUDDER B. World City Network: A Global Urban Analysis[M]. London: Routledge, 2015: 96.

27. WEBER M. The Theory of Social and Economic Organization[M]. London: Free Press, 1947: 152.

六、英文期刊论文

1. ALOM M Z, et al. Detecting Spam Accounts on Twitter[C]. Paper presented at the 2018 IEEE/ACM International Conference on Advances in Social Networks Analysis and Mining, August 28-31, 2018.

2. ALONSO I. A Tentative Model to Measure City Brands on the Internet[J]. Place Branding and Public Diplomacy, 2012, 4: 311-328.

3. ANHOLT S. Definitions of Place Branding – Working Towards a Resolution[J]. Place Branding and Public Diplomacy, 2010, 6(1): 1-10.

4. ANTTIROIKO A V. City Branding as a Response to Global Intercity Competition[J]. Growth and Change, 2015, 46(2): 233-252.

5. AVRAHAM, E. Cities and Their News Media Images[J]. Cities, 2000, 17(5): 363-370.

6. BARGER, V. A., PELTIER, J. W. Social Media and Consumer Engagement: A Review and Research Agenda[J]. Journal of Research in Interactive Marketing, 2016, 10(4): 268-287.

7. BARTOLETTI R. Memory and Social Media: New Forms of Remembering and Forgetting[C]. In: PIRANI B M, ed. Learning from Memory: Body, Memory and Technology in a Globalizing World[M]. Newcastle, UK: Cambridge Scholars Publishing, 2011: 82-111.

8. BERGER J, MILKMAN K. What Makes Online Content Viral?[J]. Journal of Marketing Research, 2012, 49(2): 192–205.

9. BOLSOVER G, HOWARD P. Chinese Computational Propaganda: Automation, Algorithms and the Manipulation of Information About Chinese Politics on Twitter and Weibo[J]. Information, Communication & Society, 2019, 22(14): 2063-2080.

10. BOSE S, ROY S K, SYED ALWI S F, NGUYEN B. Measuring Customer

Based Place Brand Equity (CBPBE) from a Public Diplomacy Perspective: Evidence from West Bengal[J]. Journal of Business Research, 2020, 116: 734-744.

11. BOTAN C. Ethics in Strategic Communication Campaigns: The Case for a New Approach to Public Relations[J]. Journal of Business Communication, 1997, 34(2): 188-202.

12. BRADSHAW S, HOWARD P N. The Global Disinformation Order: 2019 Global Inventory of Organised Social Media Manipulation[EB/OL]. Working Paper. Oxford, UK: Project on Computational Propaganda. comprop.oii.ox.ac. uk, 2019: 17-20.

13. BRAUN E, ESHUIS J, KLIJN E H. The Effectiveness of Place Brand Communication[J]. Cities, 2014, 41: 64-70.

14. BRAUN E. City Marketing: Towards an Integrated Approach[D]. PhD diss., Erasmus Research Institute of Management, 2008.

15. BRYDGES T, HRACS B J. Consuming Canada: How Fashion Firms Leverage the Landscape to Create and Communicate Brand Identities, Distinction and Values[J]. Geoforum, 2018, 90: 108-118.

16. CARAH N, ANGUS D. Algorithmic Brand Culture: Participatory Labour, Machine Learning and Branding on Social Media[J]. Media, Culture & Society, 2018, 40(2): 178-194.

17. CARRUTHERS K, BALLSUN-STANTON B. #c3t an Agreeable Swarm: Twitter, the Democratization of Media & Non-localized Proximity[C]. Paper presented at the 5th International Conference on Computer Sciences and Convergence Information Technology, 2010: 166-169.

18. CHAHAL H, RANI A. How Trust Moderates Social Media Engagement and Brand Equity[J]. Journal of Research in Interactive Marketing, 2017, 11: 312-335.

19. CHEEMA, A., KAIKATI, A. M. The Effect of Need for Uniqueness on Word of Mouth[J]. Journal of Marketing Research, 2010, 47(3): 553-563.

20. CHRISTODOULIDES G, JEVONS C, BONHOMME J. Memo to Marketers: Quantitative Evidence for Change: How User-generated Content Really Affects Brands[J]. Journal of Advertising Research, 2012, 52(1): 53-64.

21. CUMMINS S, PELTIER J W. Omni-channel Research Framework in the Context of Personal Selling and Sales Management: A Review and Research Extensions[J]. Journal of Research in Interactive Marketing, 2016, 10(1): 2-16.

22. DAYAL S, et al. Building Digital Brands[J]. The McKinsey Quarterly, 2000, 2: 42-51.

23. DE VREESE C H. News Framing: Theory and Typology[J]. Information Design Journal & Document Design, 2005, 13(1): 51-62.

24. DERUDDER B, TAYLOR P J. Three Globalizations Shaping the Twenty-first Century: Understanding the New World Geography through Its Cities[J]. Annals of the American Association of Geographers, 2002, 110(6): 1831-1854.

25. DERUDDER, B., TAYLOR, P. J. Three Globalizations Shaping the Twenty-first Century: Understanding the New World Geography through Its Cities[J]. Annals of the American Association of Geographers, 2002, 110(6): 1831-1854.

26. DOS SANTOS N A S. Crossroads Between City Diplomacy and City Branding Towards the Future: Case Study on the Film Cities at UNESCO Creative Cities Network[J]. Place Brand and Public Diplomacy, 2021, 17(1): 105-125.

27. ESHUIS J, EDWARDS A. Branding the City: The Democratic Legitimacy of a New Mode of Governance[J]. Urban Studies, 2013, 50(5): 1066-1082.

28. FLREK M, INSCH A, GNOTH J. City Council Websites as a Means of Place Brand Identity Communication[J]. Place Branding and Public Diplomacy, 2006, 4(2): 276-296.

29. FOMBRUN C, VAN RIEL C B M. The Presentational Landscape[J]. Corporate Reputation Review, 1997, 1(1): 1-16.

30. FRIEDMANN J. The World City Hypothesis[J]. Development and Change, 1986, 17(4): 69-83.

31. GARDINER M E. Wild Publics and Grotesque Symposiums: Habermas and

Bakhtin on Dialogue, Everyday Life and the Public Sphere[J]. Sociological Review, 2004, 14: 28-48.

32. GARDNER B B, LEVY S J. The Product and the Brand[J]. Harvard Business Review, 1955, 33(2): 33-39.

33. GILBOA E. Searching for a Theory of Public Diplomacy[J]. The Annals of the American Academy of Political and Social Science, 2008, 616(1): 55-77.

34. GIOIA D A, SCHULTZ M, CORLEY K G. Organizational Identity, Image, and Adaptive Instability[J]. Academy of Management Review, 2000, 25(1): 63-81.

35. GÓMEZ M. City Branding in European Capitals: An Analysis from the Visitor Perspective[J]. Journal of Destination Marketing & Management, 2018, 7: 190-201.

36. GRANT R, NIJMAN J. Comparative Urbanism in the Lesser Developed World: A Model for the Global Era[C]. Paper presented at the Sixth Asian Urbanization Conference, University of Madras, Chennai, India, 5-9 January, 2000.

37. GRANT, R. The Gateway City: Foreign Companies and Accra, Ghana[J]. Paper delivered to the Third World Studies Association Meeting, San Jose, Costa Rica, 1999.

38. GRANT, R., NIJMAN, J. Comparative Urbanism in the Lesser Developed World: A Model for the Global Era[J]. Paper presented at the Sixth Asian Urbanization Conference, University of Madras, Cheney, India, 2000.

39. GÜMÜŞ N. Usage of Social Media in City Marketing: A Research on 30 Metropolitan Municipalities in Turkey[J]. EMAJ: Emerging Markets Journal, 2016, 6: 30-37.

40. HANNA S A. Rethinking Strategic Place Branding in the Digital Age[J]. Rethinking Place Branding, 2014, 1: 85-100.

41. HARNER J. Place Identity and Copper Mining in Sonora, Mexico[J]. Annals of the Association of American Geographers, 2001, 91(4): 660-680.

42. HATCH M J, SCHULTZ M. Are the Strategic Stars Aligned for Your Corporate Brand?[J]. Harvard Business Review, 2001, 79(2): 128-134.

43. HUNT J D. Image as a Factor in Tourism Development[J]. Journal of Travel

Research, 1975, 13: 1-7.

44. JANISZEWSKA K, INSCH A. The Strategic Importance of Brand Positioning in the Place Brand Concept: Elements, Structure and Application Capabilities[J]. Journal of International Studies, 2012, 5(1): 9-19.

45. JIAO J, HOLMES M, GRIFFIN G P. Revisiting Image of the City in Cyberspace: Analysis of Spatial Twitter Messages During a Special Event[J]. Journal of Urban Technology, 2018, 25(3): 65-82.

46. KAVARATZIS M. From City Marketing to City Branding: Towards a Theoretical Framework for Developing City Brands[J]. Place Branding, 2004, 1(1): 66-69.

47. KENT M L, TAYLOR M. Toward a Dialogic Theory of Public Relations[J]. Public Relations Review, 2002, 28(1): 21-37.

48. KETTER E, AVRAHAM E. The Social Revolution of Place Marketing: The Growing Power of Users in Social Media Campaigns[J]. Place Branding and Public Diplomacy, 2012, 8: 285-294.

49. KOTLER P, LEVY S J. Broadening the Concept of Marketing[J]. Journal of Marketing, 1969, 33(1): 10-15.

50. KRIEGER J, MURPHY C. Transnational Opportunity Structures and the Evolving Roles of Movements for Women, Human Rights, Labor, Development, and the Environment: A Proposal for Research[R]. Department of Political Science, Wellesley College, 1998.

51. LARSEN H G. The Emerging Shanghai City Brand: A Netnographic Study of Image Perception Among Foreigners[J]. Journal of Destination Marketing & Management, 2014, 3: 18-28.

52. LIN Y, BJÖRNER E. Linking City Branding to Multi-level Urban Governance in Chinese Mega-cities: A Case Study of Guangzhou[J]. Cities, 2018, 80: 29-37.

53. LIU W, DUNFORD M. Inclusive Globalization: Unpacking China's Belt and Road Initiative[J]. Area Development and Policy, 2016, 1(3): 323-340.

54. MACNAMARA J, et al. 'PESO' Media Strategy Shifts to 'SOEP':

Opportunities and Ethical Dilemmas[J]. Public Relations Review, 2016, 42(3): 377-385.

55. MARINE-ROIG E. Tourism Analytics with Massive User-Generated Content: Case Study of Barcelona[J]. Journal of Destination Marketing and Management, 2015, 4(3): 162-172.

56. MARKWICK N, FILL C. Towards a Framework for Managing Corporate Identity[J]. European Journal of Marketing, 1997, 31(5/6): 396-409.

57. MATTKE J, MÜLLER L, MAIER C. Paid, Owned and Earned: A Qualitative Comparative Analysis Revealing Attributes Influencing Consumer's Brand Attitude in Social Media[J]. International Journal of Strategic Communication, 2018, 12(2): 160-179.

58. OGUZTIMUR S, AKTURAN U. Synthesis of City Branding Literature (1988-2014) as a Research Domain[J]. International Journal of Tourism Research, 2016, 18: 357-372.

59. OLIVEIRA E H S. Content, Context and Co-creation: Digital Challenges in Destination Branding with References to Portugal as a Tourist Destination[J]. Journal of Vacation Marketing, 2014, 21(1): 53-74.

60. PAYNE E M, PELTIER J W, BARGER V A. Omni-channel Marketing, Integrated Marketing Communications and Consumer Engagement: A Research Agenda[J]. Journal of Research in Interactive Marketing, 2017, 11(2): 185-197.

61. PENG J, STRIJKER D, WU Q. Place Identity: How Far Have We Come in Exploring Its Meanings?[J]. Frontiers in Psychology, 2020, 11: 3.

62. PENG X, BAO Y, HUANG Z. Perceiving Beijing's City Image Across Different Groups Based on Geotagged Social Media Data[J]. IEEE Access, 2020, 8: 93868-93881.

63. PETRESCU M, KORGAONKAR P. Viral Advertising: Definition Review[J]. Journal of Internet Commerce, 2011, 10(3): 208-216.

64. PIKE A. Economic Geographies of Brands and Branding[J]. Economic Geography, 2013, 89(4): 317-339.

65. PORTER C E, DONTHU N, MACELROY W H. How to Foster and Sustain Engagement in Virtual Communities[J]. California Management Review, 2011, 53(4): 80-110.

66. PREUSS H, ALFS C. Signaling Through the 2008 Beijing Olympics: Using Mega Sport Events to Change the Perception and Image of the Host[J]. European Sport Management Quarterly, 2011, 11(1): 55-71.

67. PROSHANSKY H M. The City and Self-identity[J]. Environment and Behavior, 1978, 10: 147-169.

68. RANGASWAMY A, VAN BRUGGEN G H. Opportunities and Challenges in Multichannel Marketing: An Introduction to the Special Issue[J]. Journal of Interactive Marketing, 2005, 19(2): 5-11.

69. RIZA M, DORATLI N, FASLI M. City Branding and Identity[J]. Procedia-Social Behavioral Sciences, 2012, 35: 293-300.

70. ROBINSON J. Global and World Cities: A View from off the Map[J]. International Journal of Urban and Regional Research, 2002, 26(3): 531-554.

71. ROCCO R A, BUSH A J. Exploring Buyer-seller Dyadic Perceptions of Technology and Relationships: Implications for Sales 2.0[J]. Journal of Research in Interactive Marketing, 2016, 10(1): 17-32.

72. ROWLEY J, EDMUNDSON-BIRD D. Brand Presence in Digital Space[J]. Journal of Electronic Commerce in Organizations, 2013, 11(1): 63-78.

73. SABERI D, PARIS C M, MAROCHI B. Soft Power and Place Branding in the United Arab Emirates: Examples of the Tourism and Film Industries[J]. International Journal of Diplomacy and Economy, 2018, 4(1): 44-58.

74. SCHULTZ D E, PELTIER J. Social Media's Slippery Slope: Challenges, Opportunities and Future Research Directions[J]. Journal of Research in Interactive Marketing, 2013, 7(2): 86-99.

75. SĘDKOWSKI M. The Challenges and Opportunities of Entering the Social Media Sphere: A Case Study of Polish Cities[J]. International Studies: Interdisciplinary Political and Cultural Journal, 2017, 19: 143-157.

76. SEVIN E. The Missing Link: Cities and Soft Power of Nations[J]. International Journal of Diplomacy and Economy, 2021, 7(1): 19-32.

77. SEVIN H E. Understanding Cities Through City Brands: City Branding as a Social and Semantic Network[J]. Cities, 2014, 38: 37-56.

78. SHIRVANI DASTGERDI A, DE LUCA G. Strengthening the City's Reputation in the Age of Cities: An Insight in the City Branding Theory[J]. City, Territory and Architecture, 2019, 6(1): 2.

79. SHOREY P, HOWARD P N. Automation, Big Data, and Politics: A Research Review[J]. International Journal of Communication, 2016, 10: 5032–5055.

80. STRANGE S. The Persistent Myth of Lost Hegemony[J]. International Organization, 1987, 41(4): 551-574.

81. TAYLOR, P. J. New Political Geographies: Global Civil Society and Global Governance Through World City Networks[J]. Political Geography, 2005, 24(6): 703-730.

82. THELANDER A, CASSINGER C. Brand New Images? Implications of Instagram Photography for Place Branding[J]. Media and Communication, 2019, 7(4): 6-14.

83. TRAVERS, J., MILGRAM, S. An Experimental Study of the Small World Problem[J]. Sociometry, 1969, 32(4): 425-443.

84. VAN HAM P. The Rise of the Brand State: The Postmodern Politics of Image and Reputation[J]. Foreign Affairs, 2001, 80(5): 2-6.

85. VERHOEF P C, KANNAN P K, INMAN J J. From Multi-channel Retailing to Omni-channel Retailing: Introduction to the Special Issue on Multi-channel Retailing[J]. Journal of Retailing, 2015, 91(2): 174-181.

86. VIRGO B, DE CHERNATONY L. Delphic Brand Visioning to Align Stakeholder Buy-in to the City of Birmingham Brand[J]. Brand Management, 2006, 13(6): 379-392.

87. VIVAKARAN M V, NEELAMALAR M. Digital Brand Management - A Study on the Factors Affecting Customers' Engagement in Facebook Pages[C]. Paper

presented at the 2015 International Conference on Smart Technologies and Management for Computing, Communication, Controls, Energy and Materials, Avadi, Chennai, India, May 6-8, 2015: 71-75.

88. VUIGNIER R. Place Branding & Place Marketing 1976–2016: A Multidisciplinary Literature Review[J]. International Review on Public and Nonprofit Marketing, 2017, 14(4): 447-473.

89. WENDT A. Anarchy is What States Make of It: The Social Construction of Power Politics[J]. International Organization, 1992, 46(2): 397.

90. WOOLLEY S C. Computational Propaganda and Political Bots: An Overview[C]. In: U.S. Advisory Commission on Public Diplomacy. Can Public Diplomacy Survive the Internet? Bots, Echo Chambers, and Disinformation, Washington D.C., May 2017: 13-17.

91. XIE, Q., NEIL, M. S. Paid, Earned, Shared and Owned Media From the Perspective of Advertising and Public Relations Agencies: Comparing China and the United States[J]. International Journal of Strategic Communication, 2018, 12(2): 802-811.

92. ZHANG L, ZHAO S X. City Branding and the Olympic Effect: A Case Study of Beijing[J]. Cities, 2009, 26(5): 245-254.

93. ZHOU L, WANG T. Social Media: A New Vehicle for City Marketing in China[J]. Cities, 2014, 37: 27–32.

七、网络文献

1. ASSMANN A. Memory, Individual and Collective[EB/OL]. In: Goodin R, Tilly C, eds. The Oxford Handbook of Contextual Political Analysis. Oxford Academic, (2009-09-02)[2021-11-10]. https://doi.org/10.1093/oxford hb/9780199270439.001.0001.

2. AXIA PUBLIC RELATIONS. What's the Difference Between Earned Media, Shared Media, and Owned Media? [EB/OL]. [2021-11-08]. https://www.axiapr. com/blog/whats-the-difference-between-earned-media-shared-media-and-

owned-media.

3. BEALL, J., ADAM, D. Cities, Prosperity And Influence: The Role of City Diplomacy in Shaping Soft Power in the 21st Century [EB/OL]. [2022-11-11]. https://www.britishcouncil.org/sites/default/files/g229_cities_paper.pdf.

4. EMPOWER FRONTLINE WORKERS. Augmented Reality vs Virtual Reality [EB/OL]. April 12, 2022 [2022-04-15]. https://www.teamviewer.com/en/augmented-reality-ar-vs-virtual-reality-vr/.

5. FONTANELLA C. What is Omni-Channel? 20 Top Omni-Channel Experience Examples[EB/OL]. HubSpot, (2022-02-01)[2021-02-20]. https://blog.hubspot.com/service/omni-channel-experience.

6. GOOGLE SEARCH CENTRAL. Search Engine Optimization (SEO) Starter Guide [EB/OL]. [2021-11-11]. https://developers.google.com/search/docs/fundamentals/seo-starter-guide.

7. JORDAAN S. Simply Unreal: Welcome to Extended Reality (XR)[EB/OL]. (2021-06-18)[2021-10-20]. https://themediaonline.co.za/2021/06/simply-unreal-welcome-to-extended-reality-xr.

8. KALANDIDES A. Place Branding and Place Identity: An Integrated Approach[EB/OL]. Tafter Journal, 2012(43), (2012-01-03)[2021-07-28]. https://www.tafterjournal.it/2012/01/03/place-branding-and-place-identity-an-integrated-approach.

9. MA, W., DE JONG, M., HOPP, T., DE BRUIJNE, M. From City Promotion via City Marketing to City Branding: Examining Urban Strategies in 23 Chinese Cities [EB/OL]. Cities, 2021, 116: 103-269 [2021-11-11]. https://doi.org/10.1016/j.cities.2021.103269.

10. MELTWATER. Owned, Earned, Paid & Shared Media [EB/OL]. [2021-11-08]. https://www.meltwater.com/en/blog/owned-earned-paid-shared-media.

11. MERCHANT CAPITAL. What Is The Difference Between Paid, Earned, Owned, and Shared Media? [EB/OL]. [2021-11-13]. https://www.merchantcapital.co.za/in-the-news/what-is-the-difference-between-paid-earned-owned-and-

shared-media.

12. SEARCH ENGINE LAND. Essential Guide to SEO: Master the Science of SEO - Chapter 2: Content & Search Engine Success Factors [EB/OL]. [2021-11-11]. https://searchengineland.com/guide/seo/content-search-engine-ranking.

13. TURGEON, V. PESO Model for PR: Paid, Earned, Shared, Owned Media [EB/OL]. [2021-11-08]. https://www.brandpoint.com/blog/earned-owned-paid-media.